高山正也　植松貞夫　監修
新・図書館学シリーズ 11

改訂
児童サービス論

〈編集〉中多 泰子

汐﨑 順子　宍戸　寛
共　著

樹村房
JUSONBO

監修者の言葉

　1950年に成立した現「図書館法」により，わが国の図書館員の養成が本格的に大学レベルで実施され始めて以来，この約半世紀の間に，図書館をとりまくわが国の社会環境も，図書館も大きく変貌した。館数，施設，蔵書構成など，わが国の図書館環境の整備は世界に誇れる大きな成果ではあるが，図書館サービスそれ自体の水準は日本社会の歴史的，社会的な通念を始め，多くの要因のために，未だ世界の第一級の水準とは言い難い面もある。しかし情報社会の到来を目前に控え，新しい時代の情報専門職にふさわしい，有能で，社会的にリーダーシップのとれる図書館員の養成は社会的急務である。

　わが国の図書館職員，特に公共図書館職員の養成の主流となってきたのは，「図書館法」で定められた司書資格取得のための司書講習の規定であった。この司書講習や講習科目に基づく司書課程を開講し，図書館職員の養成にかかわる大学数も，受講する学生数もこの約半世紀の間に激増した。このような状況の下で，司書養成の内容の改善も両三度図られた。教育の改善は，教育内容と教育時間の両面での充実が考えられるが，今回（1996年）の改訂では，実質的な図書館学の教育時間の増大は図られなかったに等しい。このため教育科目の再構成と各科目内容の充実をもって，司書養成の充実を図ることになった。ここに「図書館法施行規則」の改正による教育科目の再構成が行われたが，一方，各科目の内容の充実は開講校と科目担当者に委ねられることとなった。

　このために図書館学の新教育科目群に対応し，科目担当者の努力を助け，補完し，併せて受講者の理解を深め，学習効果を高めるために，充実した各科目専用のテキスト・教材の整備が，従来に増して，必要不可欠になった。

　わが樹村房の「図書館学シリーズ」は昭和56年の刊行以来，わが国の司書養成のための図書館学のテキストとして，抜群の好評を博し，版を重ねた実績をもつ。そこで今回の司書養成の新教育体制への移行に際し，省令の新科目群に対応した「新・図書館学シリーズ」を刊行することとした。

「新・図書館学シリーズ」の刊行にあたっては，基本的に旧「図書館学シリーズ」の基本方針を踏襲した。すなわち，「図書館学は実学である」との理念の下にアカデミズムのもつ観念的内容とプロフェッショナリズムのもつ実証的技術論を統合し，さらに網羅すべき内容を大学教育での時間の枠に納める調整も行った。また養成される司書には，高学歴化，情報化した社会における知的指導者として，幅広い一般教養，語学力，さらに特定分野の主題専門知識も期待されている。本シリーズでは，この困難な要求に応えるべく，単独著者による執筆ではなく，教育と実務の両面について知識と経験を有する複数の著者グループによる討議を通じて執筆するという旧シリーズの方針を踏襲することとした。

　幸いにして，この方針は出版者，木村繁氏の了承されるところとなり，旧「図書館学シリーズ」の編集・執筆に携わった人々の経験と旧シリーズの伝統に加え，さらに新設科目や，内容の更新や高度化に対応すべく，斯界の中堅，気鋭の新人の参加をも得て，最新の情報・知識・理論を盛り込み，ここに「新・図書館学シリーズ」第一期分，12冊を刊行することとなった。

　本シリーズにおける我々の目標は，決して新奇な理論書に偏さず，科目担当者と受講者の将来の図書館への理想と情熱を具体化するため，正統な理論的知識と未知の状況への対応能力を養成するための知的基盤を修得する教材となることにある。本シリーズにより，来るべき時代や社会環境の中での求められる図書館職員の養成に役立つテキストブックが実現できたと自負している。また，併せて，本シリーズは，学生諸君のみならず，図書館職員としての現職の方々にもその職務に関する専門書として役立つことを確信している。読者各位の建設的なご意見やご支援を心からお願い申しあげます。

　　1997年7月

　　　　　　　　　　　　　　　　　　　　　　　　　　　　　　　監　修　者

改訂の序

　本書は，新・図書館学シリーズの第11巻として1997(平成9)年10月に刊行した『児童サービス論』の改訂版である。

　本書は刊行以来，図書館情報学開講大学の標準的なテキストとして採用されるとともに，現職の方々の手引書，実務書としても利用されてきた。これは当初の意図にもかなうもので，編者として少しでも役に立つことができたことを喜ぶとともに，感謝する次第である。

　しかし，刊行後6年以上が経過し，この間の子どもの読書をめぐるわが国の状況は大きく変化した。

　2000年5月の国立の国際子ども図書館の開館，子ども読書年としての多彩な活動，2001年12月の「子どもの読書活動の推進に関する法律」の制定・公布，2002年8月の国の「子どもの読書活動の推進に関する基本計画」の策定と公表，と相次いだ。この法律と国の基本計画に基づいて，地方公共団体も秋田県を皮切りに，「子どもの読書活動の推進に関する施策についての計画」の策定に取り組み，すでに策定済の地方公共団体も増加している。政界，官界，民間が三位一体となって子どもの読書の充実に向けて取り組んでいる。日本の公共図書館で児童サービスが行われるようになって一世紀になるが，肝要なのは，サービスにたずさわる職員（司書）の資質と専門性である。

　以上のような状況をふまえて改訂を行った。また，改訂にあたり共著者の一人が交代している。公立図書館で児童サービスに長年取り組み，そのキャリアを活かして複数の大学で児童サービス論等の講義を担当している汐﨑順子さんである。

　今後ともご意見，ご感想を寄せていただき，さらに内容を充実していくように努力する所存である。

　2004年2月

執筆者代表　中多　泰子

序　文
(初版の序)

　これまで28年間選択科目であった「青少年の読書と資料」が，1996年8月の司書講習科目の改正で，「児童サービス論」と改められて必須科目になった。
　公共図書館は，乳幼児から高齢者まであらゆる世代の人々が，生涯にわたって利用する教育機関であり，子ども時代から図書館利用を習慣化することが望ましい。児童サービスは，図書館サービスの基盤である。必須科目となったことにより，今後，司書となる人々すべてが，児童サービスについて基礎的知識を有することになる。児童サービスを充実していく上で，共通認識は不可欠である。
　本来，「児童サービス論」を担当する教員は，児童サービスの現場経験を有することが望ましいと思う。しかし，司書職制度が確立せず，まして児童図書館員の専門性もなかなか認められない現在，実現には時間を必要とするだろう。そこで，今回のテキスト執筆にあたっては，永年，共に学び歩んできた児童図書館員が，協力分担して執筆した。司書資格取得を希望する学生やその他の人々が，児童サービスについて基礎知識とサービスの実際について学び，実践に当たって役立つようにと心がけた。したがって，テキストであると同時に，図書館の現場でも役に立つ手引書，実務書としての性格も兼ね備えている。
　執筆者一同，今後とも研鑽を積み，精進を重ね，努力していく所存である。そのためにも，多くの方々から一層のご助言とご鞭撻をお願い申し上げる次第である。
　本書の刊行にあたり，樹村房社長木村繁氏には，多大なご心配をおかけし，励ましをいただいた。この場をかりて感謝の意を表したい。
　1997年9月

　　　　　　　　　　　　　　　　　　　　　　　執筆者代表　中多　泰子

「児童サービス論」もくじ

監修者（シリーズ）の言葉……………………………………………… i
改訂の序…………………………………………………………………… iii
序　文……………………………………………………………………… iv

第 1 章　子どもの読書と児童図書館……………………(中多)… 1

1．読書とはなにか………………………………………………………… 1
　(1)　「読む」とは ……………………………………………………… 1
　(2)　「書」とは ………………………………………………………… 2
　(3)　読書の意義………………………………………………………… 2
2．子どもと読書…………………………………………………………… 3
　(1)　子どもにとって読書とは………………………………………… 3
　(2)　「聞くことば」から「読むことば」へ ………………………… 5
　(3)　読書能力の発達…………………………………………………… 6
　(4)　読書能力の発達段階……………………………………………… 7
　(5)　読書興味の発達…………………………………………………… 8
3．児童図書館の意義………………………………………………………13
　(1)　児童図書館とは……………………………………………………13
　(2)　児童図書館の歴史…………………………………………………15
　　　ａ．第二次世界大戦以前…………………………………………15
　　　ｂ．第二次世界大戦以後…………………………………………16
　　　ｃ．「子どもの読書活動の推進に関する法律」について
　　　　 …………………………………………………………………21
　(3)　都道府県立図書館の児童サービス………………………………21
　　　ａ．運　営…………………………………………………………24
　　　ｂ．利用対象………………………………………………………24

　　　　　ｃ．資料の収集・組織化，利用，保存………………………25
　　　　　ｄ．市町村立図書館への支援サービス……………………25
　　　　　ｅ．子どもへの直接サービス…………………………………26
　　　　　ｆ．児童資料研究室………………………………………………26
　　　　　ｇ．職　　員………………………………………………………27
　　　(4)　国際子ども図書館……………………………………………27

第2章　児童資料……………………………………………………(中多)…29

　1．児童資料の特性と種類……………………………………………29
　　　(1)　形態別……………………………………………………………29
　　　(2)　ジャンル別………………………………………………………29
　　　(3)　児童資料の出版…………………………………………………30
　2．児童資料の選択と蔵書の構築……………………………………31
　　　(1)　選　　書…………………………………………………………31
　　　　　ａ．なぜ，本を選ぶのか………………………………………31
　　　　　ｂ．本を選ぶ……………………………………………………32
　　　(2)　選書方針と規準…………………………………………………33
　　　　　ａ．絵　　本……………………………………………………36
　　　　　ｂ．幼年文学……………………………………………………40
　　　　　ｃ．昔　　話……………………………………………………42
　　　　　ｄ．創作児童文学………………………………………………44
　　　　　ｅ．知識の本……………………………………………………45
　　　(3)　選書の方法と手順………………………………………………48
　　　(4)　評価・選択のための参考資料…………………………………51
　　　　　ａ．出版目録……………………………………………………52
　　　　　ｂ．図書リスト（選択書誌）…………………………………52
　　　　　ｃ．書評・ブックガイド………………………………………53
　　　　　ｄ．児童図書賞…………………………………………………54

3．資料の組織化……………………………………………61
　　　(1) 目　　録………………………………………………62
　　　(2) 分　　類………………………………………………63
　　　(3) 排　　架………………………………………………64

第3章　児童図書館サービス………………………………………65

　1．児童サービスの意義および児童図書館員の専門性………(宍戸)…65
　　　(1) 児童サービスの意義…………………………………66
　　　(2) 児童図書館員の専門性と求められる資質…………67
　2．児童室の企画，立案，運営，年間計画，施設，設備……72
　　　(1) 地域社会と子どもの生活圏を知る…………………73
　　　(2) 児童サービス計画の前提——条例・規則…………73
　　　(3) 児童サービスの運営方針と事業計画………………74
　　　(4) 児童のための施設・設備……………………………77
　　　　　a．児童フロア………………………………………78
　　　　　b．書　　架…………………………………………80
　　　　　c．机・椅子…………………………………………81
　3．読書への導入と展開……………………………………82
　　　(1) フロアワーク…………………………………………83
　　　(2) 貸　　出………………………………………………84
　　　(3) レファレンスサービス………………………………85
　　　(4) 読み聞かせ………………………………(中多)…91
　　　(5) おはなし………………………………………………92
　　　　　a．意義と効果………………………………………93
　　　　　b．話の選択…………………………………………94
　　　　　c．話の覚え方………………………………………95
　　　　　d．おはなしのしかた………………………………95
　　　(6) 本の紹介…………………………………(中多)…96

　　　　　　ａ．ブックトーク………………………………(汐﨑)… 96
　　　　　　ｂ．展　　示……………………………………(中多)… 104
　　　　　　ｃ．図書リスト………………………………………… 105
　　　(7) 図書館でのお話し会…………………………………(汐﨑)… 106
　　　　　　ａ．図書館でのお話し会の意義……………………… 106
　　　　　　ｂ．企画と運営………………………………………… 106
　　　　　　ｃ．お話し会の実際…………………………………… 108
　　　(8) 学校を対象としたお話し会……………………………… 111
　　　　　　ａ．意義と効果………………………………………… 111
　　　　　　ｂ．お話し会の実際…………………………………… 112
　　　(9) 読書会，子ども会……………………………………(中多)… 112
　　　　　　ａ．読書会……………………………………………… 112
　　　　　　ｂ．子ども会…………………………………………… 117
　　　(10) 広報活動……………………………………………………… 117
　　　　　　ａ．子ども新聞………………………………………… 118
　　　　　　ｂ．利用案内など……………………………………… 119

第4章　ヤングアダルト・サービス………………………………… 120

１．ヤングアダルト・サービスの意義………………………(中多)… 120
　　　(1) 青少年サービスからヤングアダルト・サービス ………… 120
　　　(2) アメリカの場合………………………………………………… 125
２．ヤングアダルト・サービスのためのガイドライン……………… 128
３．サービスの実際……………………………………………(汐﨑)… 134
　　　(1) ヤングアダルト・サービスの確認と位置づけ…………… 134
　　　(2) ヤングアダルト・サービスの展開………………………… 135
　　　(3) ヤングアダルト・サービスの実践例……………………… 137

第5章　子どものいる施設等との連携・協力………………(汐﨑)… 142

1．学校・学校図書館との連携・協力………………………… 142
　　「学校図書館情報化・活性化推進モデル事業」の動き
　　等と公共図書館…………………………………………… 143
2．幼稚園・保育所との連携・協力…………………………… 145
3．保健所との連携・協力……………………………………… 146
　　「ブックスタート」の運動と公共図書館 ……………… 146
4．文庫との連携・協力………………………………………… 147
5．学童保育・児童館との連携・協力………………………… 148
6．図書館利用に障害がある子どものいる施設との連携・協力… 149

第6章　児童資料研究者に対するサービス………………(宍戸)… 151

1．サービスの意義と現状，課題……………………………… 151
　　(1) 児童資料室の運営方針・業務内容……………………… 153
　　(2) 児童資料室に備えるべき資料──蔵書構成…………… 153
　　(3) 児童資料室でのサービスの主柱──レファレンス……… 155

児童青少年の読書資料一覧………………………………(中多・汐﨑)… 159

1．幼児むき……………………………………………………… 159
2．幼児から小学校初級むき…………………………………… 161
3．小学校初級から中級むき…………………………………… 164
4．小学校中級から上級むき…………………………………… 168
5．小学校上級から中学生むき………………………………… 171

参考文献……………………………………………………(中多・宍戸)… 176

第1章　子どもの読書と児童図書館

1. 読書とはなにか

（1）「読む」とは

　読書とは，書を読むことであるが，「読む」という言葉は，さまざまな意味に用いられている。

　「大言海」（冨山房），「広辞苑」（岩波書店），「大辞泉」（小学館）の各辞典で「読む」の項を引いて，それらをまとめてみると。

　(1)　数をかぞえる。
　(2)　文章・詩歌・経文などを，一字ずつ声を立てて唱える。
　(3)　詠じる，詩歌を作る。
　(4)　文字・文章・図などを見て，その意味，内容を理解する。
　(5)　字音を訓で表す，漢字を訓読する。
　(6)　（講釈師が）講ずる。
　(7)　外面を見て，その隠された意味や将来などを推察する。
　(8)　囲碁・将棋などで，先の手を考える。

　「大言海」によれば，「数える」を原義として，他はそれから派生した語義にしている。「広辞苑」も「数える」から記述している。「大辞泉」では，今日的意義に従って配列されている。現在では，「読む」という言葉は「数える」という意味よりも，文字・文章・図を見てそれを読み，理解するという意味に使われることが多い。

(2) 「書」とは

「書」とは書かれたもので，その代表的なものは「文字」である。文字で書かれたものには，図書，雑誌，新聞をはじめ，パンフレットやリーフレット，折り込み広告から看板や道標に至るまで，いろいろある。しかし「読書」の対象からは，看板や道標などは省くのが妥当であろう。

子どもの読書に関していえば，その中心は図書，雑誌であろう。

「図書」の語義は，「河図洛書」[1]の略といわれている。これは絵図と文字を意味している。中国の劉国均は，『図書とは，知識を伝え広めることを目的とし，文字か絵画で一定の形をした材料のうえに記録された著作物である。』[2]と定義している。

図書は必ず一定の形をそなえて，はじめて表現することができる。図書はメソポタミアの粘土板，エジプトのパピルス文書からヨーロッパの皮紙，中国の紙など，現代に至るまで，材料，形においてさまざまな発展をとげてきた。形や材料がどのように変化しようとも，図書のもつ基本的な機能は，コミュニケーションの道具であるということである。図書は人類の知識を伝播させ，保存していく最も有力な道具である。図書は多種多様な内容をもち，ハンディでコンパクト，主体的に選択でき，反復利用が可能で，値段も適当である。今後も，図書は，形式や知識保存の方法が変化するだろうが，本来の機能を失うことはないであろう。

(3) 読書の意義

読書の意義や目的は，教養・趣味・娯楽・研究・調査のために，図書，雑誌など印刷された資料や，音声化，映像化された資料などを読み，そこから知識や情報，文学的喜びなどを得ることである。

現代社会の中で生活していくためには，人は読まなければ適応できない。第

---

1) 中国の古典「易経」（繁辞伝 上）中の句「河出図，洛出書」を出典としている。
2) 劉国均著，松見弘道訳：図書の歴史と中国 理想社 1963 p.26.

二次世界大戦後，わが国はめざましい復興を遂げ，高度経済成長時代を迎えた。テレビの普及によりマスコミの世界は大きく変貌し，人々の生活パターンも変化した。読書時間よりテレビの視聴時間の方が増えてきた。この傾向はおとなだけでなく，子どもも同じである。情報化は通信機器の発達により急速にすすみ，現在は高度情報化社会といわれる。氾濫する多種多様な情報を，いかに取捨選択して必要な情報を入手するか，これは重要な課題である。また，人生80年といわれる高齢社会にあって，生涯を心豊かにいきいきと送るためには，社会の進展と共に学習を継続していくことが求められている。生涯学習社会の到来である。一人ひとりが，必要とする情報や資料を，的確・迅速に入手できるように，条件整備を図らなければならない。

　平和で民主的な福祉社会は，一人ひとりの個人が，情報や資料に自由にアクセスして，自由に読み，考え，意見を発表し，正しく批判することによって達成されるのである。これは，一人ひとりの読書力，判断力にかかっている。

2. 子どもと読書

（1） 子どもにとって読書とは

　子どもの読書は，まず楽しみとしての読書であり，それが成長に有益であることが大切である。

　おはなしを聞いたり，童話や物語を読む楽しさはもちろん，学習のための読書であっても，子どもが楽しみを感じることが大切である。すなわち，子どもにとっての読書とは，子どもに喜びを与え，その喜びが子どもの成長を助け，人間形成に大きな影響を与えるものである。したがって，子どもの読書にかかわるおとなは，教育的配慮が必要である。

　おとなが絵本を見せながら読んであげれば，赤ちゃんの時から絵本を楽しむことができる。子どもに本を読んであげるということは，愛情の具体的表現のひとつである。子どもは本を読んでもらうということをとおして，愛情を全身

で感じる。本を読んでもらう時の，読み手と聞き手の間には，日常生活とは別種の，本の世界のイメージを共有共感する楽しい時間が流れる。生活体験がまだ少なく未熟な子どもでも，読み手の声や表情をとおして，ひとり読みするよりも，はるかに多くのメッセージを受けとり，喜びが深まる。文字を獲得し，ひとり立ちの読書ができるようになっても，本を読んでもらうことが楽しいのは，喜びを共有できるからである。

　乳幼児期から小学校4～5年生くらいまで，読み聞かせや相互に読み合う親子読書を継続していけば，双方ともが読書の喜びを深めていくことができよう。聞き手の子どもは，読み手の声を生涯忘れないだろう。「いい春しょって2,000日」（ビデオ，本，大崎ウエストギャラリー　1994）の山路智恵ちゃんが画面の中で，読み聞かせをしてくれたお母さんの声が耳に残っていて，「耳からうけた影響は大きかったな」と言っている。読み聞かせは，読み手と聞き手の心を結び，きずなを強め深めていく。

　子どもにとって読書の楽しみとは，読書が未知の世界へ誘ってくれるからではないだろうか。子どもの周囲には未知のことがらや，不思議なものがたくさんある。子どもは何でも知りたいという欲求を本来的にもっている。

　現実の世界であれ，空想の世界であれ，物語の世界では，子どもは作中の主人公と一体化して，イメージの世界で主人公の人生を共に生きる。実際には体験できないようなことでも，物語の世界をとおしてならば追体験することができる。こうした読書をとおして，子どもはさまざまな人生，生き方を知るようになる。

　また，冒険・推理物語に血を湧かせ，心を躍らせる。科学の本ではさまざまな現象について自分の知識を確かめながら，新しく知識を得て，実験やフィールドワークも含め，探究する喜びを味わう。スポーツ・料理・手芸・趣味などの実用書を読んだり，実際にやってみたり，本は多種多様な楽しみと喜びを与えてくれる。質のよい読書の楽しみの中で，想像力，思考力を働かせ，広い視野に立って自己の価値感を形成していく。また，自己を客観化できるようになれば，困難に直面しても，自分をストーリー化して，ことがらの筋道をはっき

りさせ，問題を解決できるようになるだろう。

　子どもの読書は，文化と伝統を継承していくための営みである。楽しく有益な読書は，豊かな感性を培い，生きる喜びを与えてくれる。

（2）「聞くことば」から「読むことば」へ

　人間は社会的な動物であり，人間との関係のなかで生きていく。そのためにはコミュニケーションが不可欠である。人類は音声による言語を生みだし，それを補うものとして絵画を用い，さらに音声言語を記号化した文字を発明した。文字による記録が行われるようになって，人間が生みだした文化の継承と発展が可能になった。

　赤ちゃんは「人間」の社会のなかへ生まれてくる。両親や周囲の人々とのかかわりをとおして，その社会の文化と伝統を身に付けていく。

　人間の赤ちゃんは，他の哺乳動物とくらべて，未熟で無力な状態で生まれてくる。これは，出生直後からおとなたちの庇護と，人間として育つためのはたらきかけが必要で，それを前提として早く生まれてくると考えられる。

　人間社会に適応して生きていくためには，コミュニケーションのためのことばを獲得していかなければならない。

　生まれて間もない新生児が，人間のことばによる語りかけに対しては，英語でも中国語でも，スピーチのもつ各音節にきわめてよく同調したリズムで身体を動かすことが，実験から発見されている[1]。

　乳児は，人のことばによる語りかけに対してよく反応する。そして模倣し，それをくり返しているうちに，自発的にことばを発することができるようになる。一語文から二語文へと会話が始まり，多語文へとすすみ，ことばの世界を自らも生みだしていく。ことばを獲得し，ことばによって思考する力が育っていく。

　おとなの語りかけから対話へと進む過程で，わらべうたや遊びうたをくり返

1）　岡本夏木：子どもとことば（岩波新書）岩波書店　1982　p.22-23.

し楽しむ。語彙(ごい)が増え，豊かになっていく中で，絵本の読み聞かせによって，絵とことばを楽しむようになる。その楽しみを自力で得ようとする時に，ひとり読みが始まる。絵本から挿絵のある読み物へと範囲が広がっていく。中学2年生くらいになれば，絵や挿絵のない読み物でも，ことばからイメージ化できるようになる。読書のプロセスは必ずしも一様ではなく，スムーズにいかない場合もあるが，聞く楽しみから読む楽しみへと，自力による読書の世界がひらかれていく。

（3） 読書能力の発達

子どもは成長するに従って語彙数が増え，思考力も備わってくる。文字への関心を示すようになると，読みの力がついてくる。読字は，早い子どもで3歳の終り頃である。ふつうは4～5歳にかけて覚える。この時期は，いわゆる「ひろい読み」の意味での読字である。ここからさらに進んで，文章が理解できる，すなわち「本が読める」という段階に至るには，読みのレディネス (reading readiness)，すなわち，読みの学習の素地がつくられていなければならない。読みのレディネスとは，子どもがあまり困難しないで読むことを学習することができる一般的な成熟状態を意味している。

阪本一郎は，それが成熟するためには次の要因が必要であるという[1]。

(a)　一般的知能……知能年齢が5歳半に達していること。生活年齢がこれより若くても，知能年齢がこのレベルに達していれば，学習は可能であるが，知能年齢がこのレベルに達していなければ，学習は困難である。
(b)　生理心理的要因……視覚・聴覚・発声器官に障害がないこと。健康であること。
(c)　興味的要因……子どもに文字を読むことの興味が出てくること。また物語を理解することに興味が出てくること。
(d)　経験的要因……ことばを理解するのに必要な生活体験をもっていること。

1）　図書館教育研究会編：読書指導通論　学芸図書　1978　p.59.

(e) 情緒的要因……情緒的に安定していること。成人への依存からある程度自立して，積極的な学習活動が営めること。

(f) 環境的要因……家庭や地域社会が，読みの学習を準備する状況になっていること。

（4） 読書能力の発達段階

読書能力は，多くの基礎能力に支えられた総合能力といえる。読書行動に必要な能力の発達的特性を目安にして，読書行動のパターンとして段階づける試みがなされている。阪本一郎の区分を紹介する[1]。

(a) **読書前期**（5歳以前）……話しことばで通信をしている段階。まだ自分では文字が読めない。しかし4歳ごろから文字があることを意識して，絵本などを読んでくれとせがむようになる。

(b) **読書入門期**（5歳～小学校1年1学期）……読書レディネスが発達し，読書を開始するまでの時期（2期に分けられる）。

　　㋑ 読書レディネス期（5歳～6歳半）……お話を聞きたがる。絵本を見てそら読みする。文字を覚えはじめる。

　　㋺ 読書開始期（1年1学期終りまで）……本を読みたがる。拾い読みしながら読む。

(c) **初歩読書期**（6歳，小学校1年2学期～3年末，8歳）……基礎読書が完成するまでの時期（3期に分けられる）

　　㋑ 独立読書開始期（1年2学期ごろ）……やさしいものならひとりで読める。唇読。

　　㋺ 読書習慣形成期（1年の終りから2年のはじめまで）……読解語彙が増し，読み返さないでも読み進める。

　　㋩ 基礎読書力成熟期（2年の半ばから3年の終りまで）……読書の基礎的スキルが一応の成熟に達する。文がなめらかに読め，長い文章でも読

1） 阪本一郎：現代の読書心理学　金子書房　1971　p.96-98.

みとおせる。黙読も上達する。
- (d) **展開読書期**……読書技術が成熟し，多読や目的に応じた読書ができるようになる（2期に分けられる）
  - ㋑ 読書独立期（3年終りから5年の中ごろまで）……自発的に読書をする。目的をもった読書，読んだものへの批判などができる。
  - ㋺ 読書分化期（5年の半ばから中2の初めごろまで）……いっそう多読になる。目的に応じて図書を選択して読めるようになる。
- (e) **成熟読書期**……成人としての読書の水準に達する時期（2期に分けられる）
  - ㋑ 読書統一期（中2から高1にかけて）……成人の読書材が読めるようになり，読書材の種類・目的に応じた読み方をする。
  - ㋺ 高級読書期（高2以後）……特殊な文体や，高度の読書材を読みなれ，研究的な読みができる。

（5） 読書興味の発達

　子どもは，心身の成長発達にともない，その発達段階ごとにふさわしい読書資料を読むようになる。これを読書興味の発達としてとらえると，人間形成過程における発達課題の展開と並行していることに気づく。

　発達課題とは，発達の各段階において，人間形成のために成就することが望ましいとされる適応の基準を意味する。ある段階において発達課題が達成されないと，次の段階における適応が困難となり，人間形成に狂いが生じてしまう。

　子どもが発達段階ごとに示す読書興味に合う読書資料を与えることは，子どもの発達課題の達成を助けることになる。

　阪本一郎は，発達課題の視点から読書興味の発達段階を次のように分けている[1]。

1）　図書館教育研究会編：読書指導通論　学芸図書　1978　p.53-58.

① 子守り話期（2～4歳）　　② 昔話期（4～6歳）
③ 寓話期（6～8歳）　　　　④ 童話期（8～10歳）
⑤ 物語期（10～12歳）　　　⑥ 伝記期（12～14歳）
⑦ 文学期（14歳～　）　　　⑧ 思索期（17歳～　）

以上8段階に区分している。2歳以前については言及していないが，現在は乳児期からの働きかけが行われているので，仮に「わらべうた期」と名づけることにする。

わらべうた期（0～1歳）

家庭で親子のふれあいのひとつの形として，乳児期から読みきかせが行われるようになった。この時期の本は子どもに語りかける道具として使うのであり，絵に短い言葉がそえられている絵本が中心になる。輪郭のはっきりした，美しい色彩の絵と，美しく心地よいことばの絵本が望ましい。具体的には，

「おふろでちゃぷちゃぷ」　松谷みよ子文　いわさきちひろ絵　童心社　1970
「きゅっきゅっきゅっ」　林明子さく　福音館書店　1986

などであろう。

子守り話期（2～4歳）

いわゆる「しつけ時代」で，子どもの社会的適応（周囲の人たちがしているように自分をあわせていく）が中心になっている。したがって，自分でできることは自分でする，しかもまちがわないでじょうずにする，してはいけないことはしない，といった内容の話に興味を持つ。これを「しつけ話」という。それとともに知恵の芽ばえを育てる「知恵話」，美しい心情をはぐくむ「楽しみ話」などが適する。これらを総称して「子守り話」あるいは「おとぎ話」という。

この時期は幼年前期にあたり，2歳前後から二語文が話せるようになり，急速にことばが発達していく。話の中に入りこんで物語を楽しめるようになる。耳からの読書が中心なので，文章は短かく，絵が中心の絵本がふさわしい。具体例をあげる。

（2～3歳向き）

「どうぶつのおやこ」　薮内正幸絵　福音館書店　1967
「どうすればいいのかな？」　わたなべしげおぶん　おおともやすおえ　福音館書店

1967

（3〜4歳向き）
「ちいさなねこ」　石井桃子さく　横内襄え　福音館書店　1963
「おおきなかぶ」　A・トルストイ再話　内田莉莎子訳　佐藤忠良画　福音館書店　1962
「ちいさなうさこちゃん」　ディック・ブルーナぶん／え　いしいももこやく　福音館書店
　　1964
「しろくまちゃんのほっとけーき」　森比左志，わだよしおみ，若山憲著　こぐま社　1972

昔話期（4〜6歳）

　　この時期は，「第一反抗期」とも「だだっ子時代」とも呼ばれるように，やたらに自己を主張して親を困らせる段階で，自己の個人的適応（自分の態度を変えていく）が表面に出る時期である。だが，その自己主張をむやみに禁圧すべきではない。これに対して，物語によって善と悪との区別を理解させ，善をよろこび悪をにくむ心情を育てるがよい。まだ理論的な思考ができないから，自己中心的な想像の世界で，ものごとの道理をわきまえるように導く。

　　この時期は幼年後期にあたり，読書はやはり絵本が中心である。

「ぐりとぐら」　なかがわりえこ文　おおむらゆりこ絵　福音館書店　1963
「どろんこハリー」　ジーン・ジオンぶん　マーガレット・ブロイ・グレアムえ　わたなべ
　　しげおやく　福音館書店　1964
「かにむかし―日本むかしばなし―」　木下順二文　清水崑絵　岩波書店　1976
「じめんのうえとじめんのした」　アーヌ・E・ウェバーぶん・え　藤枝澪子やく　福音館
　　書店　1968

寓話期（6〜8歳）

　　この時期は，生活環境が家庭から学校にひろがり，急に広い社会場面に適応することがおもな課題になる。そこで新しい社会生活での行動のルールに注意し，これに違反することを極度に恐れる。それに従うのは善であり，これに反するのは悪だという善悪の価値判断が可能になるからである。しかも，自分の判断では自信がなくて，成人の判断を無条件で受け入れるから，この時期を「他律道徳時代」ともいう。通俗には，よい子になろうとする意識が強いから，「よい子時代」ともいう。

　　この時期は小学校低学年にあたり，読書資料の範囲は絵本，昔話，寓話，幼年文学，知識の本へとひろがっていく。

「ちいさいおうち」　ばーじにあ・りー・ばーとんぶんとえ　いしいももこやく　岩波書店
　　1965

「かさじぞう」　瀬田貞二再話　赤羽末吉画　福音館書店　1966
「エルマーのぼうけん」　ルース・スタイルス・ガネットさく　ルース・クリスマン・ガネットえ　わたなべしげおやく　福音館書店　1963
「ことばあそびうた」　谷川俊太郎訳　瀬川康男絵　福音館書店　1973
「みずのなかのちいさなせかい」　三芳悌吉ぶん・え　福音館書店　1971
などがあげられる。

童話期（8～10歳）

　この時期には，未分化な自己中心的な心性から離脱して客観的な現実を理解しようとするようになる。また他律的であった行動の基準を越えて，自主的な判断にもとづいて積極的に行動するようになる。したがって，自分だけの生活を開拓することが課題になる。個人適応が主になる時期である。とくに自己中心的な心性から，主観と客観が分化するという点で，秘密ということに興味を持ち出す。そこで嘘を意識的につきだし，ひいては盗みが始まることもある。生活指導の上で重要な時期である。

　この時期は小学校中学年にあたり，幼児期からの自己中心的な思考を脱する時期である。この時期の読書資料は，昔話，寓話，逸話，創作童話，英雄物語，ファンタジー，初歩的な科学書と範囲が広がっていく。

「子どもに語るグリムの昔話」全6巻　グリム兄弟編　佐々梨代子・野村泫訳　ドーラ・ポルスター絵　こぐま社　1990～1993
「イギリスとアイルランドの昔話」　石井桃子編訳　ジョン・D・バトン画　福音館書店　1981
「チム・ラビットのぼうけん」　アリソン・アトリー作　石井桃子訳　中川宗弥画　童心社　1967
「ジャングル」　松岡達英作　岩崎書店　1993

物語期（10～12歳）

　この段階は，児童後期にあたり，自然および社会環境の知的理解の要求が高くなる。また体力が急増して，成人のスポーツに興味をもち，男子はとくに冒険的行動にのりだす。勇気のある積極的行動に共鳴する。これと並んで自治能力が発達してきて，集団行動に興味をいだく。友人社会への適応が旺盛になり，友情と義侠心とが中心課題となる。いわゆる「徒党時代」（gang age）にはいるのである。

　この時期は小学校高学年にあたり，読書興味はさらに広がっていく。これまでのジャンルに，少年少女を主人公にした物語，冒険・推理物語，スポーツ物

語，発明・発見物語が加わっていく。
「だれも知らない小さな国」　佐藤さとる作　村上勉絵　講談社　1969
「寺町三丁目十一番地」　渡辺茂男作　太田大八画　福音館書店　1969
「冒険者たち」　斉藤惇夫作　藪内正幸絵　岩波書店　1982
「ライオンと魔女」　C・S・ルイス作　瀬田貞二訳　ポーリン・ベインズ絵　岩波書店　1966
「植物たちの富士登山」　清水清文・写真　あかね書房　1987
などの他に，多くのすぐれた出版物がある。

伝記期（12～14歳）

　　この時期は「第二反抗期」とよばれ，身辺の成人に対して適応異常が現われる。自我意識が強くなるとともに，自尊感情に燃え，周囲からの干渉を忌避する。このような否定的態度から独善に走らず，むしろ健全な個人適応に努めるのがこの時期の課題の中心になる。思春期にあたるので，一時的に性的嫌悪（異性を嫌うこと）に陥るが，この面でも互いに理解しあうことが課題になる。

　この時期は中学生時代で，児童書からヤングアダルト本まで幅が広がる。人生についても考え始めるので読書資料に加える。

「君たちはどう生きるか」　吉野源三郎著　ポプラ社　1968
「愛について」　ワジム・フロロフ著　木村浩，新田通雄共訳　岩波書店　1973
「トムは真夜中の庭で」　フィリップ・ピアス著　高杉一郎訳　岩波書店　1968
「人間・野口英世」　秋元須恵夫著　偕成社　1971
「シートン―子どもに愛されたナチュラリスト―」　今泉吉晴著　福音館書店　2002
「お父さんが話してくれた宇宙の歴史」全4巻　池内了文　小野かおる絵　岩波書店　1992

文学期（14歳～　）

　　この時期の発達課題は，青年期に特有の情緒的動揺をみずからコントロールして自我を安定させ，現実の社会の機構の中で生き抜いていく生活のきびしさにくじけない心構えをつくること。異性に対してじゅうぶんな理解ある適応を果たすことが中心になる。ことにその初期では，成人とは別に小社会を作って，そこで社会的な役割をもち，その中で適応を果たしていく青年集団（crowd）を持ち始めるから，社会的適応が当面の興味の中心になる。

　読書資料は，児童書，ヤングアダルト本，そして文学書，一般書が含まれる。

思索期（17歳～　）

　　青年期の初期には，自我の内面を感情的にとらえているが，この時期には知的なと

らえかたに移って,文学も思想的な背景をもったものが迎えられる。さらに深く進む者は,抽象的な永遠性――人間も社会も自然もそれに拠っているところの究極の理念を追求することに興味を持つようになる。つまり,理想の追求が激しくなり,現実と理想との矛盾をいかに解決するかが課題とされるのである。

　読書資料は,文学期に同じであるが,哲学書,宗教書にも興味をもち,一般的なものだけでなく,学術書も読み始める。

3. 児童図書館の意義

(1) 児童図書館とは

　児童図書館とは,乳幼児,児童など子どもをおもな利用者として,資料,情報を提供するサービスを行う図書館である。学校図書館に対比して用いられる概念で,公共図書館の中で児童サービスの場として設けられている児童部門をさす。児童室または児童コーナーとして設けられる場合が多い。児童サービスのみを専門特化して行う独立した児童図書館もある。

　児童サービスとは,利用者への閲覧,貸出,レファレンスサービスなど直接的に行うサービスだけでなく,施設・設備,管理運営,資料の選択収集と組織化,企画,立案,実施,広報活動,館外の他の施設や機関との連携・協力など,あらゆる要素が含まれる。

　児童サービスは,乳幼児から小・中学生の利用者に,さらには子どもをとりまくおとなたちに,読書の楽しさと喜びを提供するが,子どもの成長に深くかかわるため,発達の途上にある子どもの特性を十分考えに入れて行う必要がある。おとなが責任をもって,子どもたちの自発性と個性を尊重しながら,よりよい人間に成長し,次の世代を担ってよりよい社会をつくっていくことができるように,児童サービスを通じてその成長を助けていくことが大切である。

　児童サービスの目的は次のように考えられる。

(1) 子どもが本の世界を楽しみ,想像力をはたらかせて本の世界の主人公の

人生をともに生きることによって，他者への理解を深め，人とともに喜び，人とともに悲しむことができる感性ゆたかな人間に成長できるように，本との出会いを中心に援助すること。

(2) 人類が過去から積み上げ，継承してきた広い意味での文化財の中で，最善，最良，最高のものを，図書館資料を通じて伝えていくこと。

(3) 人間だけがもつことばの力をはぐくむことを通じて，想像力を身に付け，新しいものを創造していくことができる力を培うことができるように，手助けすること。

(4) 一人ひとりの子どもが，社会の中ですぐれた人間に成長できるように助けること。

　子ども時代は，本に対する好みや質が養われる大切な時期であり，読書に対する態度や習慣が形成される，かけがえのない時期である。しかも子ども時代は非常に短く，貴重である。子ども時代に出会う本は，最適，最良，最高のものであるべきであろう。

　子ども時代から質のよい読書ができるように，子どもの生活圏に児童図書館は整備されなければならない。子どもが図書館を身近に感じて，日常生活の中で利用できるためには，せめて中学校区に1館は必要であろう。

　子どもが，幼い時から家族とともに図書館を利用し，図書館が本と出会える楽しい所だという認識を定着すれば，図書館利用が習慣となり，生涯にわたって利用者であり続けるだろう。

　公共図書館は蔵書，職員，施設の条件整備をしなければならない。質のよい読書の楽しみの中から，想像力も思考力も豊かに育っていく。時代を越えて普遍的価値をもつ古典や基本図書を中心に，新刊は子どもと子どもの本がよくわかる児童図書館員が責任をもって選んで，蔵書を構成していく。評価の定まったすぐれた本は，適時，買い替えて更新する。それが文化と伝統を継承していくことにつながり，出版文化を支えていくことにつながっていく。

（2） 児童図書館の歴史

a．第二次世界大戦以前[1]

　わが国で初めて児童図書室を設けたのは，東京の神田に，1887（明治20）年に開設された大日本教育会附属書籍館で，小学部を設けて公開した。閲覧には学校長の許可が必要であり，制約はあったが，当時の図書館は15歳以下の利用を認めていなかったので，画期的なことであった。1902（明治35）年設立の私立大橋図書館では，児童室はなかったが12歳以上に閲覧させた。

　1903（明治36）年には，山口県立図書館児童閲覧室，1910（明治43）年には，大阪府立図書館児童閲覧室（12歳以上），1905（明治38）年には京都府立図書館児童室が開設した。1906（明治39）年に，少年小説の作家竹貫直人が東京の千駄ヶ谷の自宅を開放して私立少年図書館を開設した。竹貫は友人の巌谷小波などを招いて，子どもたちにお伽噺を聞かせたり，レコードを聞かせたりした。1908（明治41）年，東京市立図書館の第1号として，日比谷図書館が開館し，児童室が設けられた時，竹貫は文庫を日比谷図書館に寄付し，自分も嘱託となって児童サービスにあたった。1913（大正2）年，日比谷図書館は，児童および保護者に児童用図書の貸出を開始し，翌年には，児童閲覧料を無料とした。

　以上は，日本の児童図書館の創世期のことである。その後，東京市では各区に1ないし2館の中・小図書館を設置して，1921（大正10）年には20館に及んだ。各館とも規模に応じて児童室またはコーナーをもって児童奉仕を行っていた。当時，一般に成人の図書館利用に対しては，館内閲覧・館外貸出は有料であり，図書は書庫内に収蔵され，カード目録の検索によって図書を請求しなければならなかった。しかし児童の利用に対しては，すべて無料，書架も公開書架で，児童が直接，図書を手にとって選ぶことができるようになっていた。館外貸出には年齢制限もあったようだが，読書は児童の自由で自主的な選択にまかされていた。また，児童と本を結び付けるためにおはなし会も行われていた。

---

[1]　（参考資料）小河内芳子：東京市立図書館の児童室（一），東京の児童図書館　児童図書館と私（上）　日外アソシエーツ　1981　p.27-51.

1915(大正4)年，東京市立図書館18館を統合して日比谷図書館を中央館とする，中央館制が発足し，総合目録の作成，市立図書館への自転車による配本，館報『市立図書館と其事業』の発行など，児童奉仕を含めてすぐれた図書館活動を展開していった。戦前の児童奉仕としては，東京市立図書館各館での児童奉仕が典型であったといえよう。

　やがて，1931(昭和6)年の満州事変を契機に，日中戦争から太平洋戦争となり，徴兵されて戦地におもむく図書館員が増えると，図書館の人手不足はまず児童にしわ寄せされて，児童室は真っ先に閉鎖されていった。戦災にあった図書館も多く，東京市立日比谷図書館も焼失し，疎開した資料を除いて，児童書を含む蔵書が灰燼(かいじん)に帰した。

b．第二次世界大戦以後

　敗戦後の焦土の中で，1947(昭和22)年に児童専門の私立図書館「再生児童図書館」が設立され，児童図書館活動がスタートした。翌年，国立国会図書館が児童室をそなえて開館(1950(昭和25)年　児童室閉鎖，2000(平成12)年5月　国際子ども図書館一部開館，2002(平成14)年全面開館)し，全国各地に児童室が開設されていった。

　1950(昭和25)年に図書館法制定，翌年の児童憲章の制定により近代的児童観が明確にされ，児童図書館の理念もその上に築かれて行くことになる。この翌年に，慶応義塾大学に日本図書館学校(のちに図書館学科)が創設されて，児童奉仕の講義も行われた。

　1950(昭和25)年には，全国学校図書館協議会(SLA)が結成され，1953(昭和28)年には「学校図書館法」が制定された。同年，児童図書館研究会が神田の再生児童図書館で産声をあげ，翌年より機関誌『こどもの図書館』が発行され，現在に至っている。

　1954(昭和29)年，第40回全国図書館大会で，戦後初めて，児童図書館問題が取り上げられ，1956(昭和31)年には日本図書館協会公共図書館部会児童図書館分科会ができた。この分科会でまとめたデータによると，当時の公共図書館および児童室の状況は，725館中，児童室のある館は216館で，設置率は30%に

しかすぎない。現在までの状況は1-1表のとおりである(『日本の図書館』日本図書館協会による)。

児童室の設置率は45年間に35%から89%へとアップしている。図書館数で4.01倍，児童室・コーナー数で10.13倍に増えている。

10.13倍増の要因としては，次の5つに要約できる。

1) 文庫活動の影響　　1955年前後にテレビが普及し始め，雑誌は「読む雑誌」からマンガ，絵物語，劇画を主とする「見る雑誌」に変わってきた。その中身も暴力，残虐，軍国調にいろどられた。その悪影響を憂慮して"見ない，買わない，読まない"の"三ない運動"を標語とする悪書追放運動が全国的に展開された。

これに対して悪書追放もさることながら，よい本を積極的に子どもたちにすすめていこうとする声が起こり始めた。心ある人々が自宅の一隅に個人所蔵の本を並べ，近所の子どもたちに開放し始めた。これがいわゆる"家庭文庫"である。これらの人々が中心となって"家庭文庫研究会"が発足し，古典的価値をもつアメリカの傑作絵本『100まんびきのねこ』『シナの五にんきょうだい』

1-1表　公共図書館と児童室の設置状況

年	自治体数	図書館設置自治体数		図書館数	内児童室・コーナー数	
1961	3,490			736館	259	35.2%
1966	3,422	631	18.4%	791	304	38.4
1971	3,387	699	20.6	885	390	44.1
1976	3,344	788	23.6	1,083	674	62.2
1981	3,325	928	27.9	1,362	1,074	78.4
1986	3,323	1,074	32.3	1,694	1,364	80.5
1991	3,308	1,227	37.1	1,984	1,688	85.0
1996	3,302	1,487	44.9	2,363	1,937	82.0
2001	3,250	1,645	50.6	2,681	2,377	88.7
2005	2,418	1,520	62.9	2,953	※2,623	88.9

※「公立図書館児童サービス実態調査報告2003」(日本図書館協会)による

などを翻訳して読み聞かせた。これらの傑作絵本は子どもたちに大きな喜びを与えた。この2冊は1961(昭和36)年に翻訳，出版され，児童図書出版界にも刺激を与えた。

　石井桃子が「かつら文庫」の7年の体験に基づいて著した『子どもの図書館』（岩波書店）は，多くの人々に感銘を与えた。この本を読んで，公立図書館の設置を待ちきれない母親たちが地域社会の中で，文庫を開くケースが増えてきた。文庫の横のつながりが生まれ，公立図書館設置運動を起こしていった。

　2）家庭の読書を盛んにするために公立図書館が行った読書運動　民間の動きに相呼応して公立図書館においても子どもの読書の振興のために努力がはらわれてきた。1950年代には長野県立図書館が，家庭における子どもの教育環境をよくするのは母親の力によるところが大きいという観点から，母親の読書を重視して"PTA母親文庫"運動を全県下にひろめていった。この運動は全国的にひろまり，1959(昭和34)年に開催された"本を読む母親の全国大会"には6,500人の母親が参加した。長野県内では，1961〜2年頃には13万人の母親が会員となり，現在でも1万数千人以上の母親が会員になっていて，毎年，長野県図書館大会で活動報告がなされている。詳細は，叶沢清介著『図書館，そしてPTA母親文庫』（日本図書館協会）を参照されたい。

　1960年代には，鹿児島県で"親子二十分間読書運動"が展開された。鹿児島県立図書館が中心になって，県の学校図書館協議会，市町村立図書館，公民館が力が合わせて学校やPTAに呼びかけを行った。この運動は開始後1年たらずの間に8万5千人の母と子が参加した。詳細は，椋鳩十著『母と子の20分間読書』（あすなろ書房）を参照されたい。

　3）公共図書館サービスの展開　1965(昭和40)年9月，東京の日野市立図書館がブック・モビル（BM）のみで個人貸出を開始した。このBMに積む本の半分は児童書であった。1967(昭和42)年には日野市民の18%，14,291人（うち児童5,835人）が登録し，38万1千冊（うち児童書23万2千冊）が貸し出された。この数字は日本の図書館界では初めての水準であり，日本の図書館関係者を驚かせた。

日野市立図書館は，まず市民の身近に図書館活動がなければならないという信念に基づいて1台のBMから貸出を始め，児童の行動範囲を考慮に入れて分館を作り，図書館サービスが市民に浸透して，調査研究のための図書館が必要になる段階で中央図書館を建設した。この生成発展が，長年の日本の図書館観を根底からくつがえし，公共図書館のあるべき姿を明らかにしたといえる。

　この図書館活動の理論的根拠となったのが，日本図書館協会から1963(昭和38)年に出版された『中小都市における公共図書館の運営』である。ここでは「児童室の有無にかかわらず児童に対する奉仕活動が必要であり，資料と児童図書館員が重要である」と述べている。この本は公共図書館を発展させる導火線の役割を果たした。次いで1970(昭和45)年に出版された『市民の図書館』では，日野市立図書館の実践が活かされて，市民のための図書館とはどういうものか，図書館人のみならず一般市民を啓蒙するのにおおいに貢献した。この小冊子は児童に対するサービスが公共図書館の当然の任務であり，本館，分館，BM，図書館全体で児童に対するサービスを行うべきであると明確に位置づけている。まず当面の最重点目標の3点のうち，2番目に"児童の読書要求にこたえ，徹底して児童にサービスすること"(p.34)が挙げられている。児童サービスが正当に認知されたといえよう。

　4）　図書館振興に大きな影響を与えた東京都の施策　1969(昭和44)年，東京都は"図書館振興対策プロジェクトチーム"を設置し，翌年に『図書館政策の課題と対策』を発表した。その提言の骨子は，区市町村立図書館の整備充実のため，東京都が市部に，図書館建設費の2分の1，資料費の2分の1を3年間継続して補助するというものであった。これを受けて，東京都は1971年から1976年までの5年間に，建設費の補助を31館に，資料費の補助を延べ187館(実数48館)に対して行った。その結果，それまでに多摩地域に図書館を設置している市は7市しかなかったのが，現在では26市3町1村に図書館が設置されている。

　この『図書館政策の課題と対策』は，"くらしの中へ図書館を"のスローガンのもとに，「東京の区市立図書館は，都民の求める資料の貸出と児童へのサービ

スを当面の最重要点施策とする」と明確に児童サービスを位置づけている。そして 1.54 km² (700 m 圏) に1館の地区図書館を優先的に整備するべきであるとしている。前述した日野市立図書館の実践に刺激されて，東京の区市町村立図書館は児童サービスに力を入れるようになった。現在では，多くの図書館が，ストーリーテリング，ブックトーク，読み聞かせ，などをそれぞれ行事として組み込んでいる。

 5) 子どもの読書にかかわる研究団体の活動 1953 (昭和 28) 年に設立された児童図書館研究会は，図書館員の資質向上，児童サービスの充実のために，講習会，学習会の開催，図書リストなどの編集・刊行を行い，日本の児童図書館サービスの基盤づくり，レベルアップに大きな貢献をしている。

 日本図書館協会公共図書館部会の中に 1956 (昭和 31) 年に設置された児童図書館分科会が果たしてきた役割も大きい。1959 (昭和 34) 年から毎年 (1979 年から隔年開催)，全国研究集会を開催し，子どもの本と子どもの読書にかかわるさまざまな問題を検討し協議してきた。新しい知識や技術をデモンストレーションする場としても効果を発揮し，ストーリーテリングやブックトークも，1965 年頃の研究集会で実演され，以来，約 40 年が経過し，現在では多くの児童図書館が定期的行事として実施している。

 「日本親子読書センター」は斉藤尚吾により 1967 (昭和 42) 年に設立された。文庫を作ろうとする人々へのアドバイス，情報提供，連絡，学習会の開催，機関誌の発行などを行い，文庫の連携と発展をうながした。

 「日本子どもの本研究会」は 1967 (昭和 42) 年に，児童文学者，教師，保育者，図書館員が中心となって，子どもの本の研究と普及活動を行い，子どもの本の質を向上させることを目的に設立された。『子どもの本棚』(月刊：書評誌，季刊：研究誌)，図書リスト「どの本よもうかな？」の編集，毎年開催している"子どもの本と児童文化講座"などの事業を行っている。

 「東京子ども図書館」は，石井桃子の「かつら文庫」を含む4文庫が合流して 1970 年代の初めに活動を開始した。児童への直接サービスと研究者に対する児童資料サービスに加え，児童図書館員の資質向上をめざしてストーリーテリン

グの講座などを開催し，季刊の書評誌『こどもとしょかん』を刊行している。

以上，第二次世界大戦後の児童図書館の発展の要因を探ってみると，民間の運動と図書館活動および図書館行政が相互にかかわりあいをもっている。

c．「子どもの読書活動の推進に関する法律」について

「子どもの読書活動の推進に関する法律」は2001(平成13)年12月12日に制定・公布された。全11条から成り，附帯決議が6項目ある。1990年代から政界，官界，民間が子どもの読書についてさまざまな施策，運動を展開してきた到達点であり，かつ出発点とみなすことができる。国と地方公共団体の責務，事業者の努力，保護者の役割，学校，図書館などの連携強化と体制整備を規定している。政府は基本計画の策定を公表し，地方公共団体は推進計画の策定に努めなければならない。4月23日を子ども読書の日と定めている。

政府は2002(平成14)年8月2日に「子どもの読書活動の推進に関する基本計画」を策定公表した。それを契機に地方公共団体でも「子ども読書活動推進計画」策定が始まり，県レベルでは秋田県を筆頭に，すべての都道府県が相次いで策定・公表した（2006(平成18)年12月現在）。

平成17年7月29日には「文字・活字文化振興法」が制定・公布され，第7条で市町村には公立図書館の設置と適切な配置を，国及び地方公共団体には公立図書館の条件整備のための施策について規定している。10月27日を文字・活字文化の日と定めている。

（3）都道府県立図書館の児童サービス

都道府県立図書館（以下「県立図書館」という）で最初に児童閲覧室を設けたのは，山口県立図書館である（1903(明治36)年）。次いで京都府立図書館（1905(明治38)年），奈良県立図書館（1906(明治39)年），宮城県立図書館（1907(明治40)年），東京都立日比谷図書館（1908(明治41)年）と続く。1-2表のように，明治年間に開設した18県立図書館のうち9館が，同じ明治年間に児童室を設け，児童サービスを開始した。大正年間には10館の県立図書館が設置された。大正年間に児童サービスを開始した県立図書館は，明治期設置の館が6館，大

1-2表　都道府県立図書館の児童サービス一覧

県立図書館名	設立年	児童室開設年	県立図書館名	設立年	児童室開設年
山口県立	明治35	明治36	新潟県立	大正4	大正5
京都府立	明治31	明治38	静岡県立	大正14	大正14
奈良県立	明治39	明治39	徳島県立	大正5	大正6
宮城県立	明治40	明治40	高知県立	大正4	大正4
東京都立日比谷	明治41	明治41	福岡県立	大正4	大正4
大阪府立	明治36	明治43			
岡山県立	明治39	明治44	青森県立	昭和13	不明(昭28※)
石川県立	明治45	明治45	栃木県立	昭和21	不明
鹿児島県立	明治45	明治45	群馬県立	昭和26	不明
			神奈川県立	昭和29	昭29(青少年室)
秋田県立	明治32	大正8	富山県立	昭15(大15※)	不明(昭27※)
山形県立	明治42	大正3	福井県立	昭和25	昭和25
茨城県立	明治36	大正4以前	山梨県立	昭和6	昭和6
和歌山県立	明治41	昭和16	長野県立	昭和4	昭和4
香川県立	明治37	大正6	岐阜県立	昭9(明42※)	不明(昭32※)
長崎県立	明治45	大正4	愛知県	昭和25	平成3
熊本県立	明治45	不明(昭22※)	三重県立	昭和12	昭和14
宮崎県立	明治35	大正4	滋賀県立	昭17(昭18※)	不明(昭29※)
沖縄県立	明治43	不明	兵庫県立	昭和49	ナシ
			鳥取県立	昭和4	昭4(昭6※)
北海道立	大正15	不明	島根県立	昭和21	昭21(昭27※)
岩手県立	大正10	大正12	広島県立	昭和26	昭和29
福島県立	大正10	昭和4	愛媛県立	昭和10	昭和10
埼玉県立	大正11	大正13	佐賀県立	昭和4	昭和4
千葉県立	大正13	昭和9	大分県立	昭6(明35※)	昭12(昭26※)

(出典：『近代日本図書館の歩み　地方篇』日本図書館協会，1992から調査。
※印は『日本の児童図書館1957　その貧しさの現状』日本図書館協会　1958, p.39, p.41による。)

正期設置の館が7館である。

このようにわが国の公立図書館の児童サービスは，県立図書館から始まった。その次に市立図書館である。しかし県庁所在地の市は，県立図書館に依存して，図書館の設置が遅れた。2002(平成14)年4月1日現在，市区の設置率は98%，町村は39%である。

まだ公立図書館の児童室・コーナーの設置率がわが国全体で30%にしかすぎ

なかった昭和30年代当初に，県立図書館児童室不要論が抬頭してきた。

1955(昭和30)年11月16～18日に神戸市で行われた，全国公共図書館研究集会「児童に対する図書館奉仕」の研究討議で，近畿代表の阪口大輔が"市町村立には児童室は必要だが，府県立にはいらない"(日本図書館協会公共図書館部会編『全国公共図書館研究集会報告』1955　p.130)と明言している。その理由は，県立図書館の奉仕範囲が広域であること，児童奉仕は否定しないが，金も人もない状態では児童は切らざるを得ないということである。これに対して，他の6名は，ニュアンスの相違はあるが，児童室必要論を唱えている。

その後,「児童に対する図書館奉仕全国研究集会」の第1回(昭和34年，岡山市)から第5回(昭和39年，郡山市)くらいまで，議題となっている。

第5回の研究集会で，この問題は次のように取り扱われている。『子どもの図書館』1964年9月号p.3から引用する。

> 各県立側の意見とし，隣接地区に市立があるのだから，それと同じような奉仕や施設を持つ事は意味がない。それよりは，館外活動の強化と資料センター的な役割を果たすべきだ，という無用論に対し，施設を持たない(実体がない)ということこそ，図書館としてナンセンスである。又施設を置かないという事が，児童に対する奉仕をなくす恐れが多分にある。児童も又立派な県民の一員である。なによりもまず，絶対数が不足している，一つでも多く！というのが現状である。県立図書館こそ積極的に児童室を設け，県のモデル児童室たるべき存在である。という強い要望と期待が出され，会は終了した(大倉玲子「第5回児童に対する図書館奉仕全国研究集会報告」)。

当時の県立図書館の児童室設置状況を『日本の図書館』(日本図書館協会)で見ていくと，1960(昭和35)年から館数が少しずつ減少していく。そして1968年から1970年までの3年間は，『日本の図書館』から県立図書館の児童室の集計が消えてしまっている。復活するのは『同1971年版』からで，1971(昭和46)年に県立図書館の児童室は，80館中37館(46.2％)と最低値を記録している。

このような状況の中で，東京都立日比谷図書館は都内公立図書館の児童サービスをバックアップするために，1973(昭和48)年にこども室と研究のための児童資料室を設けて，都立図書館としての児童サービスを開始した(2002年4月東京都立多摩図書館に移転)。

県立図書館の児童室は，昭和40年代後半は50%台，昭和50年に60%台となり，1977(昭和52)年以降はおおむね70%台で推移し，平成14(2002)年4月1日現在，64館中50館で，78.1%となっている。現在でも，この児童室不要論は払拭されていない。

県立図書館の新館建設にあたって，ほとんどの場合，児童室の存廃が問題になってきている。福岡県立，大分県立，大阪府立，いずれも問題になったが，内外の働きかけで存続している。廃止した館には新潟県立，京都府立がある。新設したのは愛知県図書館1991(平成3)年，34年ぶりに復活したのは岐阜県図書館である。今，廃止の構想が出ているのが奈良県立である。

県立図書館の児童サービスが，県内の市町村図書館に及ぼす影響は大きいので，そのあり方を提言する。

a. 運　　営

県立図書館はすべての県民に等しくサービスする責務を担っている。すべての県民が県立図書館の図書館資源を利用できるように条件整備をする必要がある。直接来館できる県民は限られるので，身近にある市町村立図書館で県立図書館の資料が利用でき，サービスも受けられるように，ネットワークを形成する。児童サービスについても，市町村立図書館への協力貸出とレファレンスサービスなど，支援体制を整える。

地域の幼稚園，保育所，学校，児童館，子ども文庫などと，その地域の市町村立図書館と調整のうえ連携協力する。また，他の県立図書館，国立の国際子ども図書館との連携協力を推進する。

児童資料については，県民の直接利用と市町村立図書館の支援のため，収集し，組織化して利用に供し，保存体制を整備する。

子どもに対する直接サービスのために，選びぬいた蔵書と，魅力のある児童室を備え，専門的な児童図書館員を配置する。児童へのサービスを実際に行うことによって，研究者へのサービス，市町村立図書館への情報提供，研修などの支援サービスが活性化していく。

児童資料を利用・研究する県民と，市町村立図書館等の支援のために，児童

資料研究室を設置する。

b．利用対象

幼児からおとなまで，あらゆる年齢の県民が利用できること。ただし，子どもに対しては，発達途上にある人間であることを考慮して，子ども室の蔵書に限ることが適当である。

c．資料の収集・組織化，利用，保存

県立図書館は，日本国内で出版された児童資料を網羅して収集する。翻訳書の原書，他言語に翻訳された日本の子どもの本，内外の研究書，参考図書，児童図書館や学校図書館の関連文献なども収集する。

多面的に検索できるように，資料を組織化し整備する。現在の利用だけではなく，将来の県民の利用のために永久に保存する。

海外の子どもの本については，国際理解をはかり，多文化サービスを行うためにも，在住外国人の状況に応じて収集，整備し，利用に供する。

市町村立図書館の資料は，施設上の制約から永久保存は困難である。県立図書館が網羅して収集・整備・保存することにより，市町村立図書館は，利用頻度の高い資料を中心に，効率のよい蔵書構成，蔵書管理が可能となる。

子どもが直接利用するコレクションの構築は，子ども時代に出会って欲しい，選びぬいた本で構成し，研究者用とは別のコレクションとし，利用中心に運用する。

児童資料研究室は可能な限り開架する。書庫は，研究者が自由に出入りして，資料を直接手にとることができるように，児童資料研究室に隣接して配置する。

一定期間継続して調査研究する研究者に対しては，特別研究室を設けて，便宜をはからう。

d．市町村立図書館への支援サービス

① 協力貸出，複写サービス

② 選書の場の提供

③ レファレンスサービスの援助

④ 職員の研修

⑤　調査

⑥　連絡調整

　以上のことが考えられる。子どものために選書するには，現物に目をとおし，内容を吟味し，一冊一冊選ばなければならない。県立図書館で選書の場を提供して，県内の児童サービス担当者が，新刊に目をとおして選書ができるように，新刊書を2年分程度網羅して，出版月順に展示できる常設書架を設ける必要がある。また，意見や情報を交換し合えるスペースも必要である。

　児童サービスは固有の専門性と自己研鑽が不可欠な仕事である。県内の児童サービス担当者，子どものいる子どもの本のある施設の担当者も含めて，初任者研修，現任研修，専門別の研修の機会を提供する。

　県立図書館は専門性を有する専任の児童図書館員を配置して，市町村立図書館，他の県立図書館，国立の国際子ども図書館，類縁機関との連絡調整の事務局として機能していく必要がある。

　その他に，パイオニア的プロジェクトに取り組み，実践の成果を市町村立図書館に還元していくことも重要である。

e．子どもへの直接サービス

　子どもの本は，本来，子どもを対象に出版されるものであり，子どもを抜きにした子どもの本はあり得ない。児童サービスとは，まず，子どもそのものを対象に考えられるべきである。子どもが自由に本を手にとり，見たり，読んだり，想像したり，ゆったりとくつろげる楽しい空間，そこに本と児童図書館員がいる場こそ，子どもたちに真っ先に用意されるべきサービスである。

　県立図書館が，県内全域に児童サービスを展開していくためには，新しい試みも含めて児童サービス全体を子どもが児童図書館員と出会う子ども室で，日々新たな検証を積み重ねていく必要がある。子どもへの直接サービスから児童図書館員の感性と資質がみがかれ，専門性が養われ培われていくのである。その成果が県内全域に対する児童サービスに有形無形に活かされていくのである。

　蔵書は，子どもが楽しく読めて喜びを与えてくれて，子どもの成長に有益な本を一冊一冊選書して構成していく。サービスは，フロアワークを基盤に，閲

覧・貸出，利用案内，読書相談，レファレンスサービス，お話会，ブックトーク，読書会，展示会，創造的な活動などを行う。図書館利用に障害のある子どもへのサービス，多文化サービスなど，パイロット的事業に取り組む。

f．児童資料研究室

内外の児童資料をできるだけ多く開架し，長時間の調査研究が可能なように，施設・設備を整え，隣接して書庫を設ける。

g．職　　員

子どもと子どもの本をよく結び付けることができる，専門性のある児童図書館員を，専任で複数配置する。組織上，責任と権限を有する管理職の配置が望ましい。専門性を確保し，児童サービスの質的レベルを向上させていくためには，養成，採用，研修，昇任，の一貫したシステムが確立されなければならない。しかし現状は，ようやく司書講習科目改正で，平成9年度から「児童サービス論」が必須科目になったところであり，制度としての専門性の確立は，今後の課題である。

（4）　国際子ども図書館

日本で初めての国立の国際子ども図書館は，2000（平成12）年5月5日に一部開館し，2年後の2002（平成14）年5月5日に全面開館した。

国際子ども図書館の建物は，1906（明治39）年に建てられ，1929（昭和4）年に増築された帝国図書館（後に国立図書館と名称変更，その後国立国会図書館支部上野図書館と名称変更）を改修し，増築した。明治期洋風建築として代表的なルネッサンス様式の建築物で，東京都の選定歴史的建造物に指定されている。建物前面は当時の外観をほぼ残している。地上3階，地下1階の構造である。

国際子ども図書館は「子どもの本は世界をつなぎ，未来を拓く」という信念に基づき，子どもの読書環境と情報提供環境の整備のための活動を目的に設立された。

全面開館時，所蔵資料は約30万点，このうち1階の子どもの部屋と世界を知る部屋にあわせて約7,000冊の資料が開架されている。

国際子ども図書館の基本的な役割は「子どもと本のふれあいの場」として，子どもたちに読書の楽しさを伝える活動を行うこと。そして日本国内および海外の図書館との連携・協力をはかりながらその活動を支援し，子どもの出版文化に関する広範な調査・研究を支援する「資料・情報センター」として機能することである。

　1階には上記の2部屋の他に毎週土曜・日曜日にお話し会を行うおはなしのへやがある。2階は18歳以上の利用者のために第一・第二資料室がある。3階は本のミュージアムで，年間数回の展示会を行い，関連の講演会やイベントも行う。3階の「メディアふれあいコーナー」では，国際子ども図書館が作成した絵本ギャラリーや電子出版物を利用できる。

　大阪国際児童文学館や東京都立多摩図書館など国内の主要関連機関6館と，国際子ども図書館の全7館でデータ構成している児童書総合目録は館内利用の他に，国際子ども図書館のホームページからインターネットをとおして利用できる。ホームページでは児童書に関する国内・国外の動きも紹介している。国内および海外の動きや情報を国内・海外に発信している。

　国際子ども図書館は，「直接子どもに奉仕するとともに『子どもに奉仕する人々に奉仕する』」という二重の役割をもつ。

第2章　児童資料

1. 児童資料の特性と種類

　児童サービスのために構築される図書館資料は，古今東西，森羅万象にわたる記録された文化財の中で，子どもを対象に出版された児童書が中心になる。児童書の出版の60％は物語（文学）が占める。子どもにとって物語の形式が最も受け入れやすいからである。

　知識や情報を伝える図書でも，幼児・低学年は物語化したものの方が受け入れやすい。中学年から高学年になると，物語（文学）を楽しむ一方で，自然現象や社会について知りたい欲求が強くなり，知識の本（ノンフィクション）の分野にも興味と関心がひろまっていく。

　児童資料の種類は次のとおりである。

（1）形態別

　①図書（book），②新聞，雑誌などの定期刊行物（periodical），③紙芝居，CD，カセットテープ，ビデオ，スライドなどの視聴覚資料（audio-visual material），④パンフレット，リーフレット，地図，写真，クリッピングなどの資料，⑤その他（布の絵本，地球儀，模型，絵画など）に大別されよう。

（2）ジャンル別

　①絵本，②伝承文学―昔話，神話，伝説，叙事詩，寓話―，③わらべうた，詩，④児童文学，幼年文学，ファンタジー，リアリズム，⑤伝記，⑥人文，社会の本，⑦科学の本，⑧実用書，⑨漫画，⑩参考図書，⑪紙芝居，⑫点字図書，録音図書，布の絵本，さわる絵本，点訳絵本，拡大資料，⑬ビデオ，CD，

LD，DVD，⑭ CD-ROM，ネットワーク情報源

　以上のうち，⑤ 伝記，⑥ 人文，社会の本，⑦ 科学の本，⑧ 実用書のジャンル，の児童書は一括して知識の本として取り扱われることが多い，次項の「児童資料の選択と蔵書の構築」では，知識の本として扱う。

（3）　児童資料の出版

　2002（平成 14）年の児童書の出版点数は，4,265 点（学参書を除く）にのぼり，全出版点数 74,259 点の 5.74％にあたる。1992（平成 4）年にはじめて 3,000 点の大台にのり，2001（平成 13）年に 3,940 点と前年より 600 点急増し，10 年目に 4,000 点台に至った。この 10 年間の全出版点数に対する児童書の割合は，1999（平成 11）年の 4.91％を除き，6％～5％で推移している[1]。

　児童書の出版の特徴は，初版としての新刊書の刊行よりも，むしろ長く読みつがれているロングセラーの出版である。『ぐりとぐら』（なかがわりえこ文　おおむらゆりこ絵　福音館書店）は 1963（昭和 38）年に刊行されてから，ハードカバーだけでも 2003（平成 15）年 8 月現在 147 刷 3,417,500 部，同年に刊行された『エルマーのぼうけん』（R. S. ガネット作　R. C. ガネット絵　わたなべしげお訳　福音館書店）も 111 刷 2,103,000 部になっている。

　この 2 点とも，公共図書館の児童書の貸出のベストロングリーダーズである。また，松谷みよ子の『いないいないばぁ』は 1967（昭和 42）年刊行以来 2003（平成 15）年 8 月までに 190 刷 3,238,500 部刊行され，赤ちゃん絵本の代表作になっている。

　初版がどんなに古くとも，優れた本は，いつの時代の子どもにも新鮮な喜びをもって迎えられるのである。その子どもにとってはじめて出会う本ともいえる，このような良質の本の出版を支えているのが，読者である子どもたちであり，子どもと本とを結び付ける親であり，教師であり，児童図書館員なのである。児童書の出版は，子どもの本をとおして，次代を担う子どもたちの文化と

1）　出版年鑑　2003 年版　出版ニュース社　2003

伝統を継承していく大切な役割を担っているといえよう。

2. 児童資料の選択と蔵書の構築

(1) 選　　書

a．なぜ本を選ぶのか

　児童図書館の目的は，子どもが読書を通じて心身ともに健全に成長していくことができるように，子どもと子どもの本をよく結び付けて，その成長を助けていくことにある。

　子どもは，直接的な体験と，本の世界を生きるという間接的な体験によって，身近な世界から，場所と時間を超越した見知らぬ世界を知る。読書は，自分と他人を含めた人間についての理解を深め，よりよく生きようとする心を育て，人格の発達を助けていく。

　図書の選択は，児童図書館が子どもの成長に深くかかわっていることを前提にして行われなければならない。

　子どもは無限の可能性をもっている。どのような本と出会うかによって子どもの心の成長は影響を受ける。子どもの発達段階と読書興味についてよく熟知して，子どもの成長を助けることができる本を選んでいかなければならない。

　子どもは，本の世界が楽しいから本を読むので，子どもの読書は，まず第一に楽しいものでなければならない。しかし子どもが楽しいと感じる範囲には段差がある。子どもの表面的な要求と，内面的な要求，すなわち，子どもの中に内在する成長への要求とは必ずしも一致しない。子どもの成長をうながす真の楽しさと，人間の劣性を刺激する楽しみの間には大きな差がある。児童図書館員は子どもの楽しみや喜びを理解するとともに，子どもが自分では意識しなくても本当に必要としている内面的要求を見つけだしていかなければならない。

　子どもにとってよい本とは，次のような条件を備えているものといえる。

(1)　楽しく読めて，喜びを与えてくれるもの。

(2) 子どもの成長に有益なもの。

b．本を選ぶ

　児童図書館に一歩足を踏み入れた時に，そこにあるコレクション（蔵書）の質と量など，子どもたちに与える第一印象が，その後の図書館利用を決定づける重要な契機となる。コレクションに対する信頼感を生むためには，明確な方針のもとに，一定水準以上の質を保つ安定性が要求される。書棚に並ぶ一冊一冊が，子どもたちと出会うために選び抜かれた本であれば，子どもたちは歓迎されていると感じるであろう。一冊一冊を選び抜いてコレクションを構築していくのは児童図書館員の基本的な仕事である。

　児童図書館員は，どんなに子どもの取り扱いが上手でも，どんなにおはなしが上手でも，子どもの本を評価し選択できる力をもっていなければ，子どもたちの信頼をかち得ることはできない。子どもたちは，児童図書館員の能力や資質に対して敏感である。彼らは，本について相談できる児童図書館員に対して最も信頼を置く。

　子どもの側からいえば，公共図書館の児童室を利用する場合，読書のほとんどをそこのコレクションに依存することになる。子どもの行動範囲，本についての情報源は，おとなと比較して非常に限られる。住まいの近くの書店の店頭に並ぶものを目にするか，学校友だち，遊び友だちから口コミで情報を入手するのが普通である。出版流通事情からみて，地域の小規模書店には返本可能なマスプロ・マスセールの本が並び，買切り制をとっている出版社の本はほとんど並ばない。評価の定まったすぐれた本でも置いていない場合が多い。

　図書館は書店とは違って，過去からの資料の集積に加えて，新刊書を評価・選択して収集し，コレクションを形成していく。コレクションの中の1冊が汚・破損やその他の理由で廃棄される場合，再購入するかどうか，再度，選書の機会がある。そこでさらにふるいにかけられて，コレクションが信頼性の高いものになっていく。

　選書する際には，一冊一冊を実際に手にとり，内容に目をとおして判断しなければならない。出版情報を広く把握して，一般の書店には並ばないような本

でも注文して取り寄せる。特に子どものためのコレクションは，人格形成の途上にある子どもたちのために細心の注意がはらわれなければならない。子どもたちは，経済的にも情報的にも，おとなほど読み物を自由に選ぶ力をもっていないので，たまたま目にふれたものから手にとる。図書館を利用する子どもは，前述したように，図書館のコレクションに全面的に依存することになる。

　子ども時代は，本に対する好みや質が養われる大切な時期であり，読書に対する態度や習慣が形成されるかけがえのない時期である。しかも，子ども時代は非常に短く，貴重である。したがって，子ども時代に出会う本は，最適，最良，最高のものであるべきであろう。

（2）　選書方針と規準（criteria）

　明文化されているかどうかは別として，図書館には収集方針や選書規準がある。ごく大まかな方針のところもあれば，種類別，対象別，主題別に従ってこまかく規定している図書館もある。

　地域性，機能，館種によっても方針は異なってくる。国立国会図書館と都道府県立図書館と市区町村立図書館とでは，収集範囲も複本数も異なってくる。

　一般的にいって，国立国会図書館や都道府県立図書館は，研究調査，参考調査の機能，保存機能，バックアップ機能などから，収集範囲は網羅的となる。市区町村立図書館の場合は，地域住民への直接サービスが目的なので，地域性を尊重した特色が加味されるであろう。収集範囲は選択的となり，収集点数はしぼって，複本に配慮する傾向が強くなる。

　本を選ぶには一冊一冊の本を評価しなければならない。本を評価するには，いろいろな観点からその価値を判断しなければならない。どのような観点から評価するのかを決めたものが規準（criteria）である。規準は，共同で選定したり，目録を作成したりする際には，全員が共通にチェックすべき観点であり，成文化されていることが望ましい。本が一定の水準に達しているかどうかを判断するよりどころを基準（standard）という。基準は本に対する総合的な判断力である。

児童図書館員としての本に対する基準を形成するためには，子どもの本をよく読まなければならない。長年読みつがれてきた古典や評価の定まった作品を丹念に読み，読書の喜びを感じることで，すぐれた本がもっている基本的な質を感じとることができる。そしてその喜びの原因を分析することによって，客観的な読み方ができるようになる。数多く本を読む中で，子どもがどう読むか，どう感じるかという子どもの視点を体得していくことが必要である。

　子どもの本を読むこと，子どもの本について研鑽を積むことは，児童図書館員の根幹的な仕事である。

　子どもの本を評価する規準としては，大阪市立図書館「子どもの本棚」委員会選定規準が参考になる。

大阪市立図書館「子どもの本棚」委員会選定規準

1．著　者（訳者，画家，編者，監修者を含む）
　(1) 新しい著者については，これまでの経歴を調べ，その信頼度は高いか。
　(2) すでに著作がある著者については，それまでの著作が評価されているか。また，それらの著作を比較してどうか。
2．出版社
　(1) これまでに児童図書を出版しているか。本作りに対する姿勢はたしかか。
　(2) 新たに児童図書を出版した出版社については，その目的，意図，方針などはどうか。
3．内　容
　(1) 著者の意図する読者に範囲があっているか。
　(2) 子どもの知的，又は情緒的な経験を広げることのできるものであるか。
　(3) 著者の考えが，はっきり出ているか。
　(4) 作品のテーマ，構成が読者を引きつけ，俗悪に流れず，文学性豊かなものであるか。
　(5) 絵本の場合は，文章と絵の関係がうまくとけあっているか。
　(6) 知識は正確でわかりやすく，かつ，時代の進歩に応じ，論理的に発展しているか。
　(7) 索引の構成に工夫がみられるか。また，便利に利用できるか。
　(8) 増補，改訂が適切にされているか。
4．表　現
　(1) 読者の発達段階に適した表現を用いているか。
　(2) 子どもの心情を豊かにするよう叙述されているか。

(3) 文章は明確で，しかも簡潔に書かれているか。
(4) 漢字，かな使い，ふりがなが適切か。
(5) 明りょうで正確な写真，絵画，グラフ，図表などにより視覚化し，子どもの理解を助けているか。
(6) 写真，絵画は，美術性をそなえているか。
5．形　態
(1) 紙質，印刷，判型，活字，組版は適切であるか。
(2) 装丁は適切で，芸術的価値をもっているか。
(3) 造本は耐久性のあるものか。
(4) 子どもが興味をもつ形態で，取扱いが容易であるか。
(5) 図版，写真，色彩は鮮明か。
6．価　格
内容にふさわしく適切か。
7．その他
(1) 古典，翻訳作品については，原文の意味を正確に伝え理解しやすいか。又，原著の持ち味そのままをあらわし，原著について解説がつけてあるか。
(2) 民話，神話，伝説については，再話にさいし，ストーリーがしっかりしたもので，適切な表現を用いているか。

　このような規準や基準によって本を選んでいくが，まず考えておかなければならないのがコレクションの構成である。ジャンルごとに基本図書を備え，バランスに留意しながら，対象，類書の有無，複本の必要性などをチェックし，選んでいく。新刊を評価し，選ぶだけではなく，既に評価選択した上でコレクションになっている図書についても見直して再評価していくことが必要である。コレクションとしての価値のなくなったものは廃棄する。汚・破損図書のうち，常にコレクションとして必要なものは，入手可能かどうかを調査し，入手可能な場合は買い替える。絶版や品切れの場合は補修なり再製本をしてコレクションとして残しておくなどの配慮が必要である。利用状況に目を配り，利用されない図書はその理由を分析し，おはなし会，読み聞かせ，ブックトークで取り上げるなどして，子どもにはたらきかけ，コレクションの有効な活用をはかる。
　図書の評価は購入の際だけに行われるのではない。既にコレクションとなっている図書についても，再評価して，新鮮で魅力ある信頼性の高いコレクショ

ンの構成にしていく不断の努力が要求される。
　子どもの本の代表的なジャンルの評価について次に述べる。
　a．絵　　本
　子どもがはじめて出会う本は絵本である。絵本は，絵と文からできている。絵本では，絵が文章と同じ程度，あるいはそれ以上に重要である。子どもは生活体験が少ないし，イメージを描く力がまだ十分に備わっていないので，絵の力を借りて，イメージ化するのである。
　絵本の絵は，絵を見ていくと物語が読みとれる連続性と，文章には書かれていない細部を絵で表現する物語性が要求される。その上で，絵としても芸術性をそなえたものが望ましい。幼い子どものための絵本は，線描がはっきりしていて色彩も鮮明で，かつ美的感覚を育てる芸術性を備えた絵本が望ましい。形態も，幼い子どもが持つことを配慮した大きさでなければならない。そして子どもの絵本は，その基底に，人間性豊かな愛とあたたかみが必要である。
　リリアン・スミスが『児童文学論』（岩波書店）の「絵本」の章で述べているように，『かしこいビル』（ウイリアム・ニコルソン著　松岡享子　吉田新一訳　ペンギン社）は，典型的な絵本の一冊といえる。トランクの荷物を何度もつめかえているうちに置き去りにされた人形が，少女を追いかけて再会を果たすという単純なストーリーであるが，絵が物語の展開を劇的に語り，絵だけでも十分にストーリーが理解できる。
　『ちいさなねこ』（石井桃子作　横内襄絵　福音館書店）は，幼い子が共感する絵本である。ブルーの背景に写実的に描かれた子ねこの表紙，最初のページは横長のサイズを巧みに使った構図で子ねこの小ささを印象づける。子ねこは母ねこの見ていない間に，外にとび出して，男の子につかまえられそうになり，次には車にひかれそうになり，そして大きな犬に追われて木のてっぺんにかけのぼる。助けにきた母ねこにくわえられて家に戻る。子ねこの初めての冒険を，簡潔な文と鉛筆に淡彩の絵で描いている。出版以来40年以上，子どもたちに読みつがれている基本的な絵本である。
　『ちいさいおうち』（ばーじにあ・りー・ばーとん著　石井桃子訳　岩波書店）

は，主人公の小さい家を常に画面の中央にすえて，背景の変化によって四季の移り変わりと年月の経過を，こまやかな美しい絵で表現した詩情ゆたかな絵本である。絵の連続性がみごとであり，芸術性を備えた絵本である。

　子どもの空想世界をみごとに絵本化した作品『かいじゅうたちのいるところ』（モーリス・センダック著　神宮輝夫訳　冨山房）は，子どもの内面に深く訴える力をもっており，センダックのすぐれた想像力と，稀有な才能が生みだしたすばらしい絵本である。

　絵本の絵を評価するには，①連続性，②物語性，③芸術性に留意する必要がある。

　絵本の文については，原則として，絵本はおとなが子どもに読み聞かせるものなので，声を出して読むのに適していて，聞き手にとっても心地よく感じるリズムをもったものでなければならない。聞き手は耳から入ることばと絵本の絵を見ながらイメージを描いていくので，文は短い方がよい。画面から画面への流れが，自然に効果的に展開するように，文の区切りが大切である。何よりも重要なのは，絵と文の調和である。絵の比重はさまざまで，絵だけの絵本から，さし絵に近いような絵本まで幅広いが，肝要なことは，絵と文が相乗的効果を生みだし，渾然一体となってひとつの世界を作り上げていることである。

　子どもが絵本の読み聞かせを喜ぶのは，絵本が楽しいからにほかならない。子どもは絵本の主人公に自分を同化させて，絵本の世界で起こったことを体験することによって，成長していく。

　絵本の種類には，「赤ちゃん絵本」「創作絵本」「昔話絵本」「知識絵本」がある。

　「赤ちゃん絵本」は，わらべうたやしつけ的要素をもった生活の基本動作を絵本にしたもので，ことばは単純で，くり返しがあり，絵は明快で，あたたかい色彩がよい。『きゅっきゅっきゅっ』『おててがでたよ』『おつきさまこんばんは』（林明子さく　福音館書店），『どうすればいいのかな？』（わたなべしげおぶん　おおともやすお　え　福音館書店），『おふろでちゃぷちゃぷ』（松谷みよ子文，いわさきちひろ絵　童心社）など，幼い子が最初に理解できる世界である。

「創作絵本」は，大部分の絵本がこの範ちゅうに入るもので，文・絵ともにオリジナリティーが求められる。冒頭に紹介した絵本は，文と絵の調和，ストーリー性，美術性，ことばのひびき，リズムなど，絵本としての完成度の高いすぐれた絵本である。日本の子どもたちに読みつがれている『かばくん』（岸田衿子作　中谷千代子絵　福音館書店），『ぐりとぐら』（なかがわえりこ文　おおむらゆりこ絵　福音館書店），『わたしのワンピース』（にしまきかやこ作・絵　こぐま社），『どろんこハリー』（ジオン文　グレアム絵　わたなべしげお訳　福音館書店）など，いずれもオリジナリティーに富み，絵本の醍醐味をたっぷり味わうことができる。

　「昔話絵本」は，再話の良し悪しと絵との調和が重要である。『三びきのやぎのがらがらどん』（北欧民話）（ブラウン絵　せたていじ訳　福音館書店）は，単純明快なストーリーの展開，大，中，小のやぎの3度の繰り返し，クライマックス，ハッピーエンドの典型的な昔話と，いきいきした力強い絵がみごとに一致して，迫力のある世界を表現している。『スーホの白い馬』（モンゴル民話）（大塚勇三再話　赤羽末吉絵　福音館書店）は，モンゴルの平原を舞台にくりひろげられる悲しい物語が，横長の大型画面いっぱいに描かれたすばらしい絵と相まって，読者に深い感動をあたえる。赤羽末吉の昔話絵本は，風土をよく描ききっている。『かさじぞう』（瀬田貞二再話　福音館書店）の第一作に始まり，20年後の『つるにょうぼう』（矢川澄子再話　福音館書店）に至る軌跡と完成度の高さ，そしてその後の澄み切った境地を感じさせる自由かっ達な絵本など，日本の風土と日本人の心をよく伝えている。

　昔話の絵本化については，昔話が本来，普遍的なものであるだけに，子どものイメージを固定させてしまうのは問題ではないかという指摘もある。たしかにグリム童話の「おおかみと七ひきのこやぎ」や「ねむりひめ」は，最初にフェリックス・ホフマンの絵本と出会えば，すぐれた絵本であるだけに，そのイメージを共有し続けることになる。しかし，経験の少ない子どもが，すぐれた画家が描いた絵本によって，自分の力だけでは想像できない，よりすぐれた豊かなイメージをもつことができるという利点もある。昔話には，絵本化が可能な作

品と，絵本化しない方がよい作品とがあり，その境界を判断することが児童図書館員にとっても大切である。

「知識絵本」は，知識そのものの正確さと，絵本としての楽しさを備えていることが必要である。子どもの知的興味を引き出し，不思議さ，面白さ，驚異の念を絵本の世界で感じさせることが肝要である。したがって，テーマがしぼられ，対象となった題材の大切なところが作者の意図に沿って明快に描かれているものがよい。すぐれた「知識絵本」の例としては，水中に浮遊するプランクトンを紹介した『みずのなかのちいさなせかい』（三芳悌吉文・絵　福音館書店）や，たんぽぽの生態を興味をひくように精緻な美しい絵で紹介した『たんぽぽ』（平山和子文・絵　北村四郎監修　福音館書店）などをあげることができる。

"たんぽぽ"を扱った絵本は他にもあるが，この作品は他の追随を許さないオリジナリティを備えている。

すぐれた絵本の条件として，渡辺茂男は「児童図書館研究シラバス」（*Library and Information Service* No. 6　1968年刊）で，12項目をあげている。

① 主人公，登場人物が生命を感じさせるもの
② ことば，絵とも創造性，空想性が豊かなもの
③ 美感，色彩感，リズム感の豊かなもの
④ 理念，ことば，線の明快なもの
⑤ 驚異の念の豊かなもの
⑥ ナンセンス
⑦ ユーモア
⑧ 精神面，感情面において子どもの要求をみたし，子ども時代を尊重しているもの
⑨ 造本，デザイン感覚のすぐれているもの
⑩ 一つの意図が一冊にゆきわたったもの
⑪ 物語と絵が一致しているもの
⑫ 表現能力と理解能力（conceptional level）の差をわきまえ，後者を重視したもの

絵本を選ぶ際には，以上のポイントを念頭におくとよい。

b．幼年文学（幼年童話）

　幼年文学の読者範囲は，4〜5歳から小学校2〜3年生くらいまでと考えられる。この時期の子どもは，読み聞かせから文字を覚えはじめ，小学校2年生ごろ，ひとり読みがスムーズにできるようになる。少しずつ読めるようになっていく一方で，相変わらず，読んでもらって耳から聞くことを喜ぶ。読み聞かせならば，かなり長いお話でも理解し楽しむことができる。自分で読むより，読んでもらう方が，読み手のイメージを共有できるので，物語の世界を深く楽しむことができる。

　幼年文学は，耳で聞いて理解できることが大切である。一方的な読み聞かせから，一歩進んで，子どもの方も読み手となって，おとなに聞いてもらうという，いわゆる"親子読書"の形に発展し，ひとり立ちの読書の段階に至る。この時期は，生涯にわたる読書の基礎を作り，読書への態度や習慣を形成していく大切な時期である。

　幼年文学は，起承転結がはっきりしたわかりやすい構成であること，表現が具体的であること，主人公が人間であれ動物であれ，子どもの生活とその周辺からかけ離れていないことが条件になる。子どもが最も楽しむ"行って帰る"パターンや"繰り返し"は，昔話の基本的形式であり，幼年文学にとっても同様である。

　幼年文学では，主人公の個性と魅力が大切である。『いやいやえん』（中川李枝子作　大村百合子絵　福音館書店）のいたずらっ子のしげるや，『くまの子ウーフ』（神沢利子作　井上洋介絵　ポプラ社）のウーフ，『チム・ラビットのぼうけん』（アトリー作　石井桃子訳　中川宗弥画　童心社）のチム・ラビットなど，幼児の特性がいきいきと描かれ，読者に親近感と一種の優越感を与える。

　幼年文学は出版点数が多いにもかかわらず，定評のある作品は多くはない。永年，子どもたちに親しまれている作品としては，前述の作品の他に，『エルマーのぼうけん』『エルマーとりゅう』『エルマーと16ぴきのりゅう』（R. S. ガネット作　R. C. ガネット絵　わたなべしげお訳　福音館書店），『きかんしゃやえ

もん』(阿川弘之作　岡部冬彦絵　岩波書店),『はじめてのキャンプ』(林明子作・絵　福音館書店)などがある。

　幼年文学の形式と本質について,多くの例を取り上げながら論じている『幼い子の文学』(瀬田貞二著　中央公論社　中公新書)は,児童図書館員および子どもと本を結び付けるおとなたちにとって,必読の価値をもつ基本的な参考文献である。

　なお,幼年童話の評価規準の参考として,東京都公立図書館児童図書館研究会が作成したポイントを紹介する。

幼年童話の評価規準

(東京都公立図書館児童図書館研究会作成)

```
１．テーマ・内容
  (1) 幼児の認識や論理に即したおもしろさがあるか。
  (2) 主人公は子どもが同化できる個性をもっているか。
  (3) 素材は幼児の身近なものと関連があり,親しみのもてるものか。
  (4) 子どもの想像力をふくらませられるものか。
  (5) 発想が新鮮で,オリジナルなものか。
  (6) 子どもの知的な,または情緒的な経験を拡げることができるものであるか。
２．表　現
  (1) 簡潔なことばで,明解に,即物的に表現しているか。
  (2) 正しい日本語で,ことばづかい等は正確か。
  (3) リズミカルな文章か。
  (4) さし絵は,内容の理解を助けるものであるか。
３．構　成
  (1) 起承転結がはっきりしていて,結末は十分に納得がいくか。
  (2) 筋が複雑でなく,物語は時間の流れにそって展開しているか。
  (3) 性格・心理の描写をさけ,登場人物の会話や,具体的動作や行動で物語を展開しているか。
４．造　本
  (1) 装丁は適切であるか。(表紙・目次・行間・字の大きさ・余白)
  (2) 全体的な本の大きさ・形・重量・紙質・印刷は適切であるか。
  (3) 製本はしっかりしているか。
```

c．昔　　話

　昔話は，幼児からおとなまで楽しむことができる伝承文学のひとつである。人類が誕生し，民族がコミュニケーションの手段として言葉を使用するようになって以来，民族が祖先から子孫に長年にわたって語り伝えてきた民衆の文化である。本来，語られて伝承されたジャンルなので，固有の形式をもっている。

　昔話の研究には三つの立場がある。

① 　民俗学の立場

② 　心理学の立場

③ 　文芸学の立場

　子どもの本を選書する場合，心理学の立場と文芸学の立場を理解しておいた方がよい。

　昔話を文芸学上の立場から明快に分析したのは，チューリッヒ大学教授のマックス・リュティ（Max Luthi，1909-1991）であり，『ヨーロッパの昔話―その形式と本質』（小沢俊夫訳　岩崎美術社）には，その理論が展開されている。

　リュティは昔話の特徴として「一次元性」「平面性」「抽象的様式」「孤立性」「含世界性」などをあげて，文学的特性を明らかにしている。

　昔話に固有な3度のくり返しとか，主人公は一直線上を進み後もどりしないとか，人間の住む通常の世界と超自然的な世界との間に断絶がない（一次元性）。登場人物は生身の肉体はもっておらず，切紙細工のように描き（平面性），抽象的概念を表現するための役割を担っている（抽象的様式）。昔話に登場する人物も動物もそれぞれが孤立している（孤立性）。昔話の世界は宇宙全体であり，人間の想像する別世界も含まれる（含世界性）。明快で鮮明な色彩を好む等々，昔話が，文芸学上際立った特有な形式を有している。それは語り手から聞き手へと伝承していく，耳から聞く文学として必要不可欠なものであったことを理解しておくと，再話の評価に役立つ。

　心理学上の立場からは，『昔話の深層』（河合隼雄著　福音館書店），『昔話の魔力』（ブルーノ・ベッテルハイム著　波多野完治・乾侑美子共訳　評論社）などが参考になる。

昔話の効果としては,
(1) 時間を超越する。
(2) 解放感を与えてくれる。
(3) 生きる力を与えてくれる。
(4) 宇宙的視野をもつことができる。
(5) 聞き手が語り手になれる。

　昔話は，本来，語られるものなので，同じ話でも，地方や語り手によって相違があり，再話者の昔話に対する態度によっても表現が異なってくる。再話者が見当ちがいの教訓的意図をもっていると，本来の姿や力が変えられてしまうことがあるので，注意する必要がある。昔話の内容を安易な見方で変えた話は，昔話の本質を失ってしまう。

　子ども向きに編集された昔話で定評のあるのは，『世界のむかしばなし』（瀬田貞二訳　太田大八画　のら書店），『子どもに語る日本の昔話』全3巻（稲田和子　筒井悦子共著　こぐま社），イギリスの昔話では，『イギリスとアイルランドの昔話』（石井桃子編・訳　J. D. バトン画　福音館書店），グリム童話では『子どもに語るグリムの昔話』全6巻（佐々梨代子・野村泫訳　こぐま社），北欧では，訳が語りに適していないが，『太陽の東　月の西』（アスビョルンセン編　佐藤俊彦訳　富山妙子絵　岩波書店　岩波少年文庫）などをあげることができる。

　昔話の評価規準の参考として，東京都公立図書館児童図書館研究会が作成したものを紹介する。

昔話の評価規準

（東京都公立図書館児童図書館研究会作成）

(1) 昔話の特徴を十分にそなえているか。
(2) 子どもが耳から聞いて面白いか。
(3) 再話者が，昔話の特徴をそこね，行動の動機説明やしめくくりの教訓など，現代生活の合理性をもちこんでいないか。
(4) 昔話は口で語られる文芸であるので，わかる範囲内でなるべく方言が残されているか。

(5) さし絵が昔話の雰囲気をこわすことはないか。
(6) 神話や伝説と昔話をいっしょくたにしていないか。

　以上のようなチェックポイントに留意して，既に刊行されている昔話の読み比べをしてみれば，客観性のある判断ができるようになる。

d．創作児童文学

　わが国の創作児童文学は，歴史的にみると，戦後の昭和34～35年を境に流れが変わった。『子どもと文学』（中央公論社　1960，福音館書店　1967）の出現によって，それまで高く評価されてきた児童文学界の長老たちの作品を中心に見直しが行われた。『子どもと文学』の意義は，子どもの文学はおもしろくて楽しいものである，という価値観を確立したことにある。1960(昭和35)年前後は，評論のみならず，創作においても画期的な作品が出現している。1959(昭和34)年に，佐藤さとるの『だれも知らない小さな国』（講談社），いぬいとみこの『木かげの家の小人たち』（福音館書店）が出版されている。現在では当然と思われている"子どもの本は楽しくておもしろいものでなければならない"という考え方は昭和30年代の後半以降に根づいたものである。

　創作児童文学にはファンタジー，歴史物語，リアリズムの作品などがあり，次に述べる観点に沿って評価するのが適当である。

(1) テーマ（主題）が作品を通して書き込まれているか。
(2) 人物がいきいきと描かれているか。一人ひとりの個性が描かれているか。
(3) 話筋がおもしろく，必然性があるか。独創性があるか。
(4) 構成は起承転結があり，読者の興味をひきつけるように組み立てられているか。
(5) 視点が一貫しているか。
(6) 文体は適切か。表現は対象にふさわしいか。
(7) 作品が真実らしいか。
(8) 背景となる時代や地域の風土が生きているか。
(9) さし絵は内容にふさわしいか。

以上のような観点から児童文学の古典といわれる『たのしい川べ―ヒキガエルの冒険―』（グレアム作　石井桃子訳　E. H. シェパード絵　岩波書店），『宝島』（スティーブンソン作　坂井晴彦訳　寺島龍一画　福音館書店），『不思議の国のアリス』（ルイス・キャロル著　生野幸吉訳　テニエル絵　福音館書店）などを分析してみると，すぐれた作品がもつ永遠の魅力を客観的に判断することができる。

e. 知識の本

　知識の本は，日本十進分類法の0門から8門までの範囲を含むが，この範囲で最も出版点数が多いのが，宇宙や星座，植物，鳥，昆虫，魚，動物，科学遊びや実験を扱った科学読み物である。科学読み物の分野は多岐にわたるが，子どもの本のジャンルの中では，絵本と並んで出版のレベルが高い。あかね書房の『科学のアルバム』は（100巻，別巻4冊）は，多くの子どもたちによく読まれている。外国でも翻訳出版され，高く評価されている。

　知識の本に求められる第一条件は，内容が正確であることである。

　知識の本の評価規準の参考として，東京都公立図書館児童図書館研究会が作成したポイントを紹介する。

知識の本の評価規準

（東京都公立図書館児童図書館研究会作成）

〈歴史・地理・社会〉
日本歴史
　① レイアウト，図版，索引，年表，装幀
　② 構成
　③ 正確な記述か
　④ 歴史への興味を喚起しているか
　⑤ 著者の歴史観にかたよりはないか
地理（日本）
　1. 概　評
　　・地域の変貌が激しいので内容的に古くなりやすい，改定をのぞみたい。
　　・問題点：フィクション化されているものについて
　　　　安易にフィクション化されている資料には注意したい。

　　　　ノンフィクション分野にフィクションがどこまで許されるか。
　　　　また，それで資料としてよいのかどうかもむずかしいところである。
　　・いずれの資料にしても，その本の特徴をつかんで，個々の要求に対応しないかぎり，資料は死んでしまうだろう。
　2．基　準
　　① 装丁（図版，レイアウト，索引）
　　② 正確な記述
　　③ 構成
　　④ 興味を喚起しているか
　　⑤ 資料が新しいか
産　業
　1．レイアウト（装丁・索引等）
　2．正確な記述
　3．科学的な興味の喚起
　4．構成はどうか
　5．資料は新しいか
公　害
　1．レイアウト
　2．正確な記述
　3．社会問題の関心を喚起できるか
　4．構成はどうか
　5．資料は新しいか古いか

〈科学読み物〉
1．内容の質はどうか
　(1) 興味深いか。おもしろいか。あらゆる意味で読者の精神を刺激するか。
　　○読者に訴える力があるか。
　　○たのしみや満足感を与えるか。
　　○子どもの想像力をふくらませられるか。
　　○子どもの知的・情緒的な経験を拡げることができるか。
　　○子どもの自発的な研究心が刺激され，自力で自然の美しさに触れよう，なぞを解こう，とする行為が誘発され，勇気づけられるか。
　(2) 文学的にもすぐれているか。
2．知識の正確さ
　(1) 正確な知識にもとづいているか。変化の激しい分野では，最新の情報がもりこまれているか。

(2)　その本を書くために資料を使ったか。それが二次資料の場合，信頼できるか。
3．著者の姿勢は信頼できるか
　(1)　その本を書くために特別な準備をしたか。著者の独自な観察あるいは研究を基にしているか。著者の経験・学歴。
　(2)　自然認識の原理や自然への愛情を大切にしているか。
　(3)　発想（着想）が新鮮で，著者の独自なものか。
　(4)　著者が述べている時代・事実・理論を十分に理解しているか。（科学史・伝記・古生物学などの場合）
4．内容の構成・表現
　(1)　論のたて方がわかりやすいか。（幼年向きの場合は，特に論が複雑でなく，また，時間の流れにそって展開されているか）
　(2)　結果だけでなく，過程や考え方を重視しているか。
　(3)　完成された知識だけでなく，未開拓の分野があることを示唆した書き方か。
　(4)　わかりやすい文章か。簡潔な言葉で明確に表現しているか。
　(5)　美しい日本語で，言葉づかいは正確か。
　(6)　対象に応じた書き方か。
5．本の構成・造本はどうか
　(1)　索引・さし絵・地図・図表・写真・目次は適切か。また，それらは内容の理解を助けるものか。
　(2)　参考図書の紹介，専門用語の説明はあるか。
　(3)　読みやすい造本か。
　　○装丁は適切か。（表紙・行間・字の大きさ・ルビ・余白）
　　○判型・紙質・印刷は適切か。
　　○製本はよいか。

〈参考図書〉
百科辞典評価基準
1．編 集 者 —— 編集をやったことがあるか，編集を実際にやっているか，単に名前を貸しているだけか。
2．執 筆 者 —— 各項目の執筆者としてふさわしい専門家か，記事に署名があるか。
3．出 版 社 —— 良心的出版社で，児童書をてがけているか，百科辞典などの出版の経験はあるか。
4．正 確 さ —— 記述内容が正確か。
5．新 し さ —— 新しいデータが入っているか，記事に日付が入っているか（発行年からみて）。
6．教科内容 —— 単元との関連があるか，教科・単元にあるものが盛りこまれている

		か。
7.	観　　点 ──	国家的・政治的・宗教的・その他の立場からの偏向の影響や，偏見が表われていないか。
8.	項　　目 ──	大項目，中項目，小項目の何れか，それぞれの欠点を補う工夫があるか。
9.	排　　列 ──	五十音順，体系的の何れか。
10.	参　　照 ──	充分ついているか，本文・索引中の相互参照はどうなっているか。正確で，空参照はないか。
11.	索　　引 ──	索引があるか，小項目が充分取り上げられているか，引いたページに，その説明があるか。
12.	参考文献 ──	児童にふさわしい参考文献が上っているか，記事にそえられているか，最近出版されたものを含んでいるか。
13.	改　　訂 ──	改訂版が出ているかどうか，出ている場合完全に改訂され，組み直されているか，継続的な改訂方針によっているか，補遺版が出ている場合どのくらいの頻度か，新しい記事は元の標準を保っているか。
14.	文　　体 ──	児童に理解できる文体か，具体的で子どもに興味を起こさせるような書き方か。
15.	漢字・かなづかい ──	当用漢字・現代かなづかいによっているか，対象とした児童に応じた漢字を使っているか。
16.	組　　版 ──	段数・行間・余白のとり方が適当か。
17.	活　　字 ──	活字は鮮明で，大きさは児童に適しているか。
18.	図　　版 ──	図版の量・質はどうか，それは記事の説明を助けるためにつけられているか，説明をする本文の近くにあるか。
19.	造　　本 ──	児童に魅力的で堅牢な造本か，背に巻数字，内容がはっきり示されているか，手にとりやすい厚さ・大きさ・重さかどうか，開いた時平らになるか。
20.	紙　　質 ──	上質で耐久力があるか。読む時目が疲れないか。不透明度はどうか。

(1979年5月18日作成)

（3）　選書の方法と手順

　選書方法として原則的にふまえなければならないのは，実際に本を手にとって，見て，読んで，検討し，評価できるようにしくむことである。直接的評価法が基本である。

第2章 児童資料

　流通上の問題で，全国のあらゆる場所で現物選書ができるとは限らないので，その場合は，目録やその他，新聞の新刊紹介や広告，書評などから選び，現物を見ないで注文せざるを得ない。また，現物選書ができる条件が整っている場合でも，それだけでは不十分で，この二つの方法を上手に組み合わせれば見落としも少なくなる。

　図書館内部での選書に取り組む組織としては，

(1)　児童サービス担当職員が選ぶ。

(2)　図書館内に選書委員会を設置し，毎週1～2回委員会を開催して合議制で選ぶ。この場合，各委員は選書のためのデータを持ち寄る。

(3)　その他：たとえば，国立国会図書館のように規模の大きいところでは，組織が収書，整理，奉仕と仕事の流れにそって分担が分かれているので，収書のセクションの職員が（児童書に詳しくなくても）実際の選書を行う。この場合は，原則として「すべての出版物を収集する」という大前提があるので，一般の公共図書館とは異なる方法をとっても支障はない。網羅して収集することに重点が置かれる。子どもへの直接サービス用は別で，一冊一冊選び抜いてコレクションを構成する必要がある。

　大体，以上の3方法が考えられるが，大部分の図書館では，(1)か(2)の方法をとっている。図書館の規模，職員構成，予算，サービス対象，収蔵量などの条件によって，望ましい方法が工夫されなければならない。

　選書の仕事の手順としては，書店から新刊書をすべて搬入してもらうか，あるいは職員が書店に出向くかして，できるだけ新刊書を幅広くそろえてある中から選書する。地域図書館に対して選書のための諸条件を積極的に整備するために，県立図書館で全点収集をしているところがある。滋賀県立図書館と，35年ぶりに児童サービスを再開した岐阜県立図書館である。岐阜県図書館では整理後も2年間は保存書庫に出版月順にまとめて展示している。県内の児童サービス担当者や研究者などが書庫に入室して調べることができる。市区町村立図書館をバックアップする機能のひとつである。

　全集，選集，シリーズもののチェック，複本の決定，類書との比較など，選

書段階で必要項目をすべてチェックして購入を決定する。適正で，しかも魅力的な蔵書構成ができるように細心の注意をはらわなければならない。

　選書の際のチェックポイントが，整理および児童図書館活動に密接に結びつくように仕事のしくみを考えることが大切である。そのためには選書の際のチェックポイントが客観的な記録として残るようにすることが必要である。その例として，アメリカの代表的な review slip を次に紹介する。アメリカの図書館では選書の際，次のような review slip が用いられる。

代表的な review slip の例

(*Living with Books* by Helen E. Haines より)

(カード形式)

```
                    Nonfiction Review
著者名
書　名                              巻数
出版者名          出版年月日        価格
さし絵，地図，図解，索引，参考文献目録[1]
主題または形式[2]
書かれている範囲[3]
典拠（ソース）[4]
文学的価値[5]
扱い方[6]：大衆的，学術的，技術的，正確，不注意，一党一派に偏した，偏見がない，
　　　　退屈，おもしろい
読者対象：成人，若者，学生，教師，専門家
どの館にふさわしいか：中央館，分館，BM の配本所，ペイ＊，開架書架
著者の肩書[7]：裏面を見よ　　　　　　　　　書評者のサイン
```

＊ペイ…要求の多いベストセラーなどペーパーバックで大量に購入し，10 セントくらいの
　　　安い貸し賃で一時期貸し出すやり方。
1) 　含まれるものにアンダーラインをひく。
2) 　主題……例：罪の研究，　形式……例：教科書，エッセイ
3) 　主題がどれほど十分に表わされているか，非常に広範囲にわたっているか，部分的
　　　か，特別な局面から扱っているか，など。
4) 　一般書，通俗的なもの，文学的性格のあるものについては，典拠は示す必要がない
　　　（示せない）。
5) 　これについては，識別力ある批評的判断が必要で，経験の浅い書評者は，本から得

第 2 章 児童資料

た印象をしるす程度しかできない。文体に対する敏感さや，荒けずりなものと品位あるものの違い，ありふれた書き方と，生き生きした書き方の違いを見分ける眼を育てる努力をすることが必要。
6) この項では1つ以上にアンダーラインしてよい。
7) 序文，標題紙や，他の書評などから得た著者に関する情報。

Fiction Review

著者名
書　名
出版者名　　　　　出版年月日　　　　価格
さし絵画家名　　　　　　　翻訳者名
文学的価値
道徳的傾向
内容のタイプ：空想的，象徴的，現実的，心理学的，表現豊か，ユーモラス
扱われている年代と地域 8)
主　題
読者対象：
どの館にふさわしいか：中央館，分館，BM，ペイ
図書館に入れる，入れないの理由
あらすじ 9)　　　　　　　　　　　　　　　　書評者のサイン

---

8) 例：1850年～1888年のニューメキシコとコロラド。
9) 図書館によっては，裏面を2つに分け，あらすじの他に手短かな評価を記入する所もある。
　☆ノンフィクション，フィクションどちらの場合も，本の印刷，紙質，製本など，本のつくりについてはふれない。このスリップは本につけておくものなので，本を手にすればわかることは書く必要がないためである。

（4）評価・選択のための参考資料

資料の評価と選択は，図書館員の仕事として主体的に行われるべきものである。その際，手がかりとして参考になるのが，出版目録，図書リスト（選択書誌），書評，新聞・雑誌のブックガイド，子どもの本に与えられる各賞の受賞作品リストである。これらは，あくまでも補助資料とするのが適当である。

a． 出版目録
① 日本書籍総目録（日本書籍出版協会）[1]
② 出版年鑑（出版ニュース社）
③ Book page 本の年鑑（ブックページ刊行会：トーハン，紀国屋書店，日外アソシエーツ，日本出版販売）
④ 各出版社の出版目録

以上の目録は，網羅的に図書を掲載している。出版物の速報としては，
① 出版ニュース（旬刊）（出版ニュース社）
② 日本全国書誌（週刊）（国立国会図書館編　財務省印刷局）
③ これから出る本（月2回刊）（日本書籍出版協会）
④ 週刊新刊全点案内（週刊）（図書館流通センター）
⑤ こどもの本（月刊）（日本児童図書出版協会）

がある。出版に関する情報源である。

b． 図書リスト（選択書誌）

図書リストは，一定の選択基準によって選ばれた図書の目録である。編集目的，方針，評価基準を十分に理解した上で使用する必要がある。

個々の本を評価し選択する際の参考にもなるが，むしろ全体の蔵書構成や基本図書目録作成，特に新館準備の選書の参考として有効である。

図書リストは，ジャンルを網羅した総合的なものの他に，本の種類別，主題別，主人公別など，範囲と観点をしぼって編集されているものがある。

① 選定図書総目録（年刊）（日本図書館協会）
② 選定図書速報（週刊）（日本図書館協会）
③ 学校図書館基本図書目録（年刊）（全国学校図書館協議会）
④ 学校図書館速報版（半月刊）（全国学校図書館協議会）
⑤ 私たちの選んだ子どもの本（東京子ども図書館　1991）
⑥ どの本よもうかな？──1・2年生，3・4年生，5・6年生の3冊本

---

[1] 2002年版よりCD-ROM版のみとなり，出版年鑑とセットで販売。

（日本子どもの本研究会編　改訂　国土社　1992）
⑦　図書館でそろえたい子どもの本　えほん（日本図書館協会児童青少年委員会児童基本蔵書目録小委員会編　日本図書館協会　1990）
　　図書館でそろえたい子どもの本2　文学（同上　1994）
　　図書館でそろえたい子どもの本3　ノンフィクション（同上　1997）
⑧　えほんのもくろく　新版（児童図書館研究会編　日本図書館協会　1981）
⑨　科学の本っておもしろい　第1集〜第4集（科学読物研究会編　連合出版　1981-1996）

　図書リストは，編集から出版までの間に一定期間が必要なので，新刊・近刊が掲載されない場合があること，一方では，リストにあがっていても絶版で入手できない可能性も出てくるなど，限界がある。この限界を解決するために，毎年，補遺版が出され，数年ごとに改訂されることが望ましい。

c．書評・ブックガイド

　雑誌や新聞に発表される新刊・近刊書についての書評やブックガイドは，図書の選択評価にとって欠かすことのできない参考資料である。

　書評は，読者に対してその本の書誌と内容の情報に，評者の評価を伝えるものであるが，子どもの本の書評は，直接の読者である児童青少年を対象に書かれるのではなく，本を選んで購入する立場にあるおとなに読まれることを想定して書かれている場合がほとんどである。

　図書館員が図書を評価する際，書評を活用する方法としては，自分がまず本を読んで評価し，そのあとで書評を読み，参考にしていくことが最も効果的である。新刊書の中で話題になり注目を浴びている本についての手がかりとしても有効であるが，実物にあたって，自身で評価することがまず第一である。

1．雑　誌
①　こどもとしょかん（季刊）（東京こども図書館）
②　月刊　子どもの本棚（日本子どもの本研究会）

2．書評紙
①　週刊読書人（読書人）

② 図書新聞（図書新聞社）

3．新　聞

　一般の新聞は，毎月1回，あるいは種別ごとに週交替で掲載するなどして推せん図書を挙げ，紹介している。合議制によるものと，1人の選者によるものとがある。

　以上あげた出版目録，図書リスト（選択書誌），書評・ブックガイドは，図書の選択評価の補助資料として拠り所になるが，あくまでも選択評価の責任は，図書館員にあることを忘れてはならない。

d．児童図書賞

　ひとりの作家，画家，研究者，翻訳者，編集者，出版者，または一冊の図書に児童図書賞や児童文化賞を贈ることは，各国とも，子どもをとりまく文化，特に印刷文化が盛り上がった1920年代に考えられた。これは図書の作り手をはげまし，受け取り手にも選択のひとつの目安を与えている。

　国際的に有名な外国の「児童図書賞」5件および，わが国におけるおもな「児童図書賞」43件を以下に示す。

1） 外国の児童図書賞

ニューベリー賞　The Newbery Medal（アメリカ）［主催］アメリカ図書館協会　［創設年］1922年　［目的］前年にアメリカで出版された，アメリカ国籍をもつか，アメリカに居住する作家による，子どものための文学作品のうち，最もすぐれた作品の著者に贈られる。改版・重版のものは除かれる。［名称について］ロンドンで子どもの本の出版に従事したイギリス人　John Newbery（1713〜1767）を顕彰して名づけられた。

コールデコット賞　The Caldecott Medal（アメリカ）［主催］アメリカ図書館協会　［創設年］1938年　［目的］前年度にアメリカ合衆国で出版された，アメリカ国籍をもつか，アメリカに居住する画家による最優秀絵本の描き手に贈られる。［名称について］イギリスの絵本画家　Randolph Caldecott（1846〜1886）を顕彰したもの。Caldecottの軽妙な生き生きした画風は，特に動物の絵に十分に発揮されていた。

ケイト・グリーナウェイ賞　The Library Association Kate Greenaway Medal（イギリス）［主催］イギリス図書館協会　［創設年］1956年　［目的］前年にイギリスで出版された子どもの本から選ばれた最もすぐれたイラストレーションを描いた画家に贈られる。［名称について］イギリスの女流絵本画家Kate Greenaway（1846～1901）にちなむ。19世紀前半を思わせる可憐な絵が多い画家であった。

カーネギー賞　The Library Association Carnegie Medal（イギリス）［主催］イギリス図書館協会　［創設年］1937年　［目的］前年イギリスで出版された子どもの本のうち，最もすぐれた読み物を対象とするが，内容はもちろん，活字，用紙，挿絵などからみても優秀な作品に贈られる。［名称について］スコットランド生まれのアメリカ人　Andrew Carnegie（1835～1919）にちなむ。彼は，貧しい少年時代，図書館をよく利用したことから，鉄鋼王といわれた後に，図書館界にも大きな貢献をした。この賞は彼の生誕100年を記念して設けられた。

国際アンデルセン賞　Hans Christian Andersen Awards（国際的）

　［主催］国際児童図書評議会（International Board on Books for Young People 略称：IBBY）［創設年］1956年，画家賞は1966年。［目的］国際児童図書評議会加盟各国から推せんされた作家賞，画家賞各1名の候補から選ばれ，長く子どもの本に貢献したと認められた作家および画家に贈られる。偶数年に授賞する隔年賞，日本の画家，赤羽末吉は1980年，安野光雅は1984年に画家賞を受けた。日本の作家では，まどみちをが1994年に作家賞を受けた。わが国では日本国際児童図書評議会（JBBY）が窓口となる。［名称について］世界的に有名なデンマークの童話作家　Hans Christian Andersen（1805～1875）にちなむ。

　2）　日本の児童図書賞

　下記に列挙する児童図書賞は『日本の児童図書賞　1992-1996年　〔解題付受賞作品総覧〕』　東京子ども図書館編　日本エディタースクール出版部　1998．を参考にした「日本の児童図書賞」43件である。

赤い靴児童文化大賞　［主催］童謡「赤い靴」を愛する市民の会　［創設年］1980(昭55)年　［対象］児童の教育や福祉の向上に貢献した童謡，童話をはじめ，広く児童文化を対象とする　［趣旨］前記対象となる童謡，童話，放送，演劇，映画，映像，出版などを顕彰する。

赤い鳥さし絵賞　［主催］赤い鳥の会　［創設年］1987(昭62)年　［対象］前年3月から当年2月末までの1年間に発行された児童図書のさし絵　［趣旨］雑誌「赤い鳥」は童話，童謡のみならず，児童出版美術，さし絵の分野でも大きな業績を残した。その業績を受けつぎ，さらに大きく発展させることを願って，鈴木三重吉の没後50年を機に設けられた。

赤い鳥文学賞　［主催］赤い鳥の会［創設年］1971(昭46)年　［対象］前年4月から当年3月までに発表された児童文学作品　［趣旨］雑誌「赤い鳥」の創立者鈴木三重吉（1882〜1936）を記念して，坪田譲治らによって「赤い鳥の会」設立と同時に制定。

巌谷小波文芸賞　［主催］財団法人日本青少年文化センター　［創設年］1978(昭53)年　［対象］巌谷小波の遺志を継承する人および仕事に贈られる　［趣旨］青少年文化の開拓者としての巌谷小波（1870〜1933）の業績を記念する。

大阪国際児童文学館　ニッサン童話と絵本のグランプリ　［主催］財団法人大阪国際児童文学館　［創設年］1984(昭59)年　［対象］未発表の創作童話，創作絵本で，応募者は，単行本で作品を商業出版したことのない者　［趣旨］主催者である上記文学館の開館を記念したもの。

岡山市文学賞・坪田譲治文学賞　［主催］岡山市・岡山市教育委員会　［創設年］1985(昭60)年　［対象］毎年9月1日から翌年8月31日までに刊行された文学作品の中から，おとなも子どもも共有できる世界を描いたすぐれた作品　［趣旨］岡山市出身の小説家・児童文学作家で，岡山市名誉市民である坪田譲治の偉大な文学活動における業績を称えると共に，あわせて市民文化の向上を目指す。

久留島武彦文化賞　［主催］財団法人日本青少年文化センター　［創設年］1960(昭35)年　［対象］青少年文化の向上と普及に貢献した人および団体　［趣

旨］近代児童文化の開拓者のひとりとしての久留島武彦（1874～1960）の業績を記念する。

クレヨンハウス絵本大賞　［主催］クレヨンハウス　［創設年］1979(昭54)年　［対象］絵・文とも同一作家の未発表作品　［趣旨］プロ，アマを問わず，新鮮な発想とオリジナリティにあふれる作品を期待する。

芸術選奨文部大臣賞　［主催］文化庁　［創設年］1950(昭25)年　［対象］主として前年1月から12月までに発表された作品　［趣旨］特に児童文学を対象としてはいない。10部門のうち文学部門で児童図書が取り上げられることがある。芸術各分野で優れた業績をあげた者，新生面を開いた者に対し，芸術活動の奨励と振興に資する目的。

講談社出版文化賞（絵本賞）　［主催］講談社　［創設年］1970(昭45)年　［対象］前年3月より当年2月末日までに発表された作品　［趣旨］絵本賞は4部門あるうちのひとつ。新分野の開拓と質的向上。

講談社漫画賞　［主催］講談社　［創設年］1977(昭52)年　［対象］過去1年間（4月1日から3月31日まで）に，雑誌，単行本などに発表された漫画作品　［趣旨］日本の漫画の質的向上をはかり，その発展に寄与する。

産経児童出版文化賞　［主催］サンケイ新聞社　［創設年］1954(昭29)年　［対象］前年3月から当年2月末までに出版された新刊児童図書　［趣旨］児童図書，出版文化，優良図書の普及。

児童福祉文化賞　［主催］厚生省　［創設年］1959(昭34)年　［対象］前年度に中央児童福祉審議会文化財部会出版物部会で推薦された作品　［趣旨］児童福祉文化の向上普及をはかる。通称　厚生大臣賞。

児童文芸新人賞　［主催］社団法人日本児童文芸家協会　［創設年］1972(昭47)年　［対象］前年4月から当年3月までに発表された童話，小説，ノンフィクション，詩，童謡の各分野の新人の作品　［趣旨］児童文芸の向上発展に寄与することを目的とする。

小学館絵画賞　［主催］小学館　［創設年］1961(昭36)年　［対象］前年4月から当年3月までに，初めて雑誌，単行本，新聞に発表された幼年および少

年少女向けの絵画作品　［趣旨］小学館創業30周年を記念して小学館児童文化賞を1952(昭27)年に設けた。本賞が独立したのが上記創設年。児童向け雑誌，単行本，新聞に発表されたさし絵その他の絵画作品の振興に寄与する。

小学館文学賞　［主催］小学館　［創設年］1961(昭36)年　［対象］前年4月から当年3月までに初めて雑誌，単行本，新聞に発表された幼年ならびに少年少女向け文学作品［趣旨］小学館創業30周年を記念して小学館児童文化賞を1952(昭27)年に設けた。本賞が独立したのが上記創設年。児童文学の振興に寄与する。

小学館漫画賞　［主催］小学館　［創設年］1955(昭30)年　［対象］前年中に，雑誌，単行本，新聞に発表された漫画の中から優秀な作品を選び，その作家に贈られる　［趣旨］健全明朗な少年少女向け漫画の振興をはかる。

須藤克三記念北の児童文学賞　［主催］やまがた児童文化会議　［創設年］1984(昭59)年　［対象］前年1月から12月まで発表された，東北，北海道在住者の作品　［趣旨］須藤克三（1906〜1982）の業績を記念し，東北，北海道の児童文学の振興のため。

高橋五山賞　［主催］五山賞審査委員会　［創設年］1961(昭36)年　［対象］前年10月より当年の9月までに出版された紙芝居　［趣旨］教育紙芝居の生みの親，高橋五山（1889〜1965）の業績を記念する。

塚原健二郎文学賞　［主催］塚原健二郎児童文学振興会　［創設年］1978(昭53)年［対象］信州にゆかりのある人によって制作された児童文学作品　［趣旨］塚原健二郎(1895〜1955)の文学的業績を顕彰し，児童文学の振興を願う。

新美南吉児童文学賞　［主催］赤い鳥の会　［創設年］1983(昭58)年　［対象］前年3月1日から当年2月末日までに発表された創作児童文学の短編，詩，童謡　［趣旨］童話作家新美南吉顕彰事業のひとつとして創設。

日本児童演劇協会賞　［主催］社団法人日本児童演劇協会　［創設年］1951(昭26)年［対象］優れた創作戯曲，文化活動，地域の児童演劇活動，俳優　［趣旨］1961年頃から創作戯曲ばかりでなく授賞範囲を広くする。

日本児童文学学会賞　［主催］日本児童文学学会　［創設年］1977(昭52)年

[対象] 前年 8 月 1 日から当年 7 月末日までに刊行, または発表された児童文学に関する研究, 評論　[趣旨] わが国の児童文学研究の発展に寄与する。

日本児童文学者協会賞　[主催] 社団法人日本児童文学者協会　[創設年] 1961 (昭 36) 年　[対象] 前年度に刊行された優秀作品 (童話, 小説, 詩, 童謡, 評論その他)。

日本児童文学者協会新人賞　[主催] 社団法人日本児童文学者協会　[創設年] 1968 (昭 43) 年　[対象] 前年度中に単行本で発表された新人の作品　[趣旨] 日本児童文学者協会短篇賞から移行。小説, 詩, 童謡, 評論, ノンフィクションの各分野で新人発掘を目的とする。

日本児童文芸家協会賞　[主催] 社団法人日本児童文芸家協会　[創設年] 1975 (昭 50) 年　[対象] 年間に出版された作品の中から, 審査の上, 優れた作品に贈る。

日本童話会賞　[主催] 日本童話会　[創設年] 1964 (昭 39) 年　[対象] (現在行われているもののみ) A. 毎年 1 月から 12 月までに発行された上記会機関誌『童話』, または他の新聞, 雑誌, 単行本等に優れた作品を発表した日本童話会員, B. 未発表の一般公募作品　[趣旨] 新進作家の激励と, 童話文学の向上発展を目的とする。

日本童謡賞　[主催] 日本童謡協会　[創設年] 1971 (昭 46) 年　[対象] 前年中に, 新聞, 雑誌, 単行本, その他の出版物一般, 本会の会報, 放送, レコード, 映画, 演奏等で発表されたもの　[趣旨] 子どもの歌の振興をはかる。

日本翻訳文化賞　[主催] ユネスコ加盟国際翻訳家連盟日本支部日本翻訳家協会　[創設年] 1964 (昭 39) 年　[対象] 前年 9 月 1 日から当年 8 月 31 日までに発行された翻訳図書。翻訳者の国籍は問わない　[趣旨] 児童部門を設けてはいないが, 優れた翻訳児童図書に贈られることもある。

日本翻訳文化賞　[主催] 日本翻訳家協会　[創設年] 1964 (昭 39) 年　[対象] 前年 9 月 1 日から当年 8 月 31 日までに発表された翻訳著作物。

野間児童文芸賞　[主催] 財団法人野間奉公会　[創設年] 1963 (昭 38) 年　[対象] 児童を対象にして創作された小説, 童謡, 戯曲, ノンフィクション, 詩,

童謡その他で，前年8月1日から当年7月31日までに，新聞，雑誌，単行本などに新しく発表された作品　［趣旨］児童の人間形成に役立つ児童文芸の興隆発展に寄与することを目的とする。

ひろすけ童話賞　［主催］ひろすけ童話賞委員会　［創設年］1989(平成元)年　［対象］前年7月1日から当年6月30日までに，単行本，新聞，雑誌に新たに発表された幼年童話　［趣旨］ヒューマンな愛と善意にもとづく「ひろすけ童話」の詩魂を継承し，新たなる童話世界の創造と，その本質を発揚していく作家を育てる。

福島正実記念SF童話賞　［主催］少年文芸作家クラブ　［創設年］1983(昭58)年　［対象］小学校2，3年以上，高学年の子どもも楽しめるSF童話　［趣旨］SF童話の分野で福島正実（1929～1976）のすぐれた業績を記念し，有力なSF作家の出現を期待する。

部落解放文学賞（児童文学部門）　［主催］部落解放同盟中央本部，部落解放研究所［創設年］1974(昭49)年　［対象］児童文学作品，絵本，伝承の採集再話など　［趣旨］部落の文化運動の展開をなしとげること。

ぶんけい創作児童文学賞　［主催］日本児童文学者協会，文渓堂　［創設年］1990(平成2)年　［対象］職業作家以外の人の，自作未発表の創作童話文学。テーマ，ジャンルは問わない　［趣旨］従来の児童文学の枠組みを越え，新しい可能性に挑戦する作品を求めて創設。

毎日児童小説　［主催］毎日新聞社　［創設年］1951(昭26)年　［対象］新聞連載小説の形式をとった少年少女向き読み物。小学生向きと中学生向きがある　［趣旨］新人を世に送り，児童文学の振興に寄与すること。

毎日出版文化賞　［主催］毎日新聞社　［創設年］1947(昭22)年　［対象］前年8月1日から1年間に初版が発行された図書　［趣旨］出版文化の向上を目指し，児童図書を含む一般刊行物の中から優れたものを選び，読者に推薦する。

毎日童話新人賞　［主催］毎日新聞社（毎日こどもしんぶん「毎日童話新人賞」係）［創設年］1976(昭51)年　［対象］毎日こどもしんぶん連載形式をとった，

5〜7歳向きで，未発表の作品　［趣旨］新人を世に送り，児童文学に寄与すること。

三木露風賞　新しい童謡コンクール　［主催］兵庫県龍野市，龍野市教育委員会，その他5団体　［創設年］1985(昭60)年　［対象］作詞，作曲とも，このコンクールのために創作された作品　［趣旨］童謡の復元と普及を願い，新しい童謡の創造をめざす。

椋鳩十児童文学賞　［主催］鹿児島市・鹿児島市教育委員会　［創設年］1990(平成2)年　［対象］前年1月1日から12月31日までに国内で刊行された児童文学作品のうち，新人の初刊行本に限る（創作に限り，自費出版を含む）　［趣旨］鹿児島市制施行100周年を記念し，日本を代表する児童文学者椋鳩十の業績を永く顕彰するとともに，児童文学の発展に寄与するため創設。

モービル児童文化賞　［主催］モービル石油株式会社　［創設年］1966(昭41)年　［対象］児童文学を含む広く児童文化全般にわたって貢献のあった人々に贈る　［趣旨］上記にあたる人々の努力と功績を讃え，より一層の活躍を願う。

山本有三記念路傍の石文学賞　［主催］公益信託山本有三記念路傍の石文学賞及び郷土文化賞基金（受託者：三菱信託銀行）　［創設年］1978(昭53)年　［対象］青少年向け文学をアンケートによって候補作をきめ，その中から選考委員が選ぶ　［趣旨］青少年の読書に適した文学の育成を図るため，山本有三(1887〜1974)の作品『路傍の石』にちなんだもの。

わたぼうし文学賞　［主催］わたぼうし文化基金，社団法人日本青年奉仕協会　［創設年］1981(昭56)年　［対象］障害をもつ人の「自分史」と「創作童話」　［趣旨］障害者に夢や想いを語る場の提供。国際障害者年に創設。

3. 資料の組織化

　図書館の主な役割は，資料を利用に供することである。利用しやすいように資料を組織化する必要がある。収集した本を的確に整理し，わかりやすく排架

しなければならない。

　選択され，手続きが済んだ図書は，① 受入れ，② 目録記述，標目指示，③ 分類，所在記号決定，④データ入力または カード複製，⑤ 装備，⑥ 目録カードの編成，⑦ 排架，の過程を経て利用者に提供される。

　図書館に来る子どもたちは，読書の楽しみを体験しながら，同時に図書館の利用方法を身に付けて，必要な資料や情報を効率的に探しだす方法を学んでいく。生涯にわたって図書館の利用者，理解者となるように，図書館員は努力しなければならない。

　児童図書館の整理は，児童の特性を考えて，簡略化したり，工夫を加えたりしている。その場合でも，整理の基本原則を踏まえた上での簡略化であり，工夫でなければならない。

（1）目　　　録

　図書館の目録とは，所蔵する個々の図書について必要な情報を記録し，一定の順序で排列したものをいう。

　目録に記録される情報は次のとおりである。
① 　書名，著者，発行所，出版年，ページ数，大きさ，叢書名，内容細目などの書誌的な情報
② 　図書の主題を表わす分類記号，件名標目
③ 　図書の所在位置を示す所在記号

　目録は，これを一定の順序で排列して，図書を探す手がかりとするものである。目録の種類は，次のとおりである。
① 　書名目録
② 　著者目録
③ 　分類目録
④ 　件名目録
⑤ 　書架目録 ⎤
⑥ 　基本目録 ⎦ 事務用

実際上，児童図書館では，このうち書架目録（分類目録の代用としても使用する）と書名目録を作り，必要度に応じて著者目録が加わる。件名目録の大切さは認識されているが，実際に作成しているところは少ない。規準となる児童向けの件名標目表が作られていない。

どういう「目録」を維持するかは，機能と優先順位などを十分に検討した上で決定されなければならない。

図書館業務のコンピュータ化に伴い，従来の書名，著者名，分類の検索はもちろん，書名キーワードの検索や，組合せによるしぼりこみなど，主題検索もレベルアップしている。多くの図書館で収集・整理・検索・貸出などがコンピュータ化されている。

(2) 分　　　類

分類とは，図書の主題や内容の類似性によって区分し，排列することをいう。その規準として用いられるのが分類表である。

わが国では，ほとんどの公共図書館と学校図書館で日本十進分類法（略称NDC）が採用されている。

児童図書館においても，基本となるのはNDCである。蔵書規模や機能によって，展開の範囲を決めることができる。一般的には細かく展開する必要はなく，主綱表（百区分）を用い，部分的に3ケタ展開とするのが妥当であろう。または，NDC小・中学校（児童書）適用表を使用してもよい。

調査研究機能と保存機能をもっている図書館の場合は，利用上3ケタ展開の方が便利であろう。

NDCによらず独自の分類を試みることは可能であるが，生涯にわたって図書館を利用していくことを前提にすると，わが国においては，NDCの枠組みを維持することが適当であろう。同一分類記号の中で図書を個別化する必要がある時は，図書記号をつける。図書記号には，刊年順，受入れ順，著者名順の3種があり，片仮名，平仮名，ローマ字など文字だけの場合と，文字と数字を組み合わせた場合がある。市区町村立図書館であるか，都道府県立図書館であるか

によって図書記号の精密度は異なってくるであろう。永久保存する図書館であれば、書庫出納のことも考慮して、図書の個別化が必要となる。

　子ども特有の読書興味へのアプローチは、分類のみで解決するのではなく、排架の工夫や目録、児童図書館活動全般の中で解決の道を探るべきである。

　図書館としての分類体系を維持していくためには、分類コード、分類作業マニュアルなどを整備していく必要がある。

（3）排　　架

　排架とは、書架上に図書を一定の順序に従って排列することをいう。

　図書の書架上の位置は所在記号によって決定される。図書の排列は原則として、分類記号順に同一分類記号の中は図書記号の順に並べる。

　図書の内容（参考図書など）、形態（大型本など）、利用対象（絵本など）などによって、必要なものは別置する。

　絵本は、原則として、表紙が見えるように排架するのが望ましい。普通の書架に表紙を見せてすべてを並べることは実際的に無理なので、絵本箱に設置するのが適当である。

　絵本の場合、冊数が多くなると区分が必要となる。種類としては、たとえば、

　　赤ちゃん絵本

　　知識の絵本

　　むかしばなし絵本

　　日本の創作絵本

　　外国の創作絵本

という具合に考えられる。原則として、知識の絵本は区分した方が利用しやすい。知識絵本については、最初から主題に分類してしまうのも一方法である。むかしばなし絵本も書架上で区分した方が、子どもは利用しやすい。

第3章　児童図書館サービス

1. 児童サービスの意義および児童図書館員の専門性

　2000(平成12)年を「子ども読書年」とすることが衆参両議院で決議されて以後,「国際子ども図書館」の開館,「こどもゆめ基金」の創設, そして「子どもの読書活動の推進に関する法律」が可決, 成立した (平成13年12月12日)。読書という行為のはかり知れない価値を認識しつつ, 子どもの読書離れに対する社会の危機感がこうした一連の行動を喚起したといっても過言ではない。児童生徒の平均読書冊数の減少は定着しており, 増加への道のりは遠いが, ここにいたるまでには子どもの本にかかわってきた多くの関係者の地道な努力を見過ごせない。石井桃子の『子どもの図書館』(岩波書店　1965)によって触発され, 燎原に広がる火のように全国に広がっていった子ども文庫を中心とした読書運動の高まりと活動は特に見逃せない。

　世界の図書館活動を常にリードしてきたアメリカでも, ALA (アメリカ図書館協会) 会長のメアリー・サマービルは, 1997年6月の退任のメッセージの中で, 特に児童サービスに触れ, 「数えきれない地域で, 私たちの図書館は子どもたちのために安心できる避難所を提供してきました。図書館が考える場であり, 学び, 楽しみ, そして子どもたち自身がより広い世界へ育んでいける場であります。」[1] と, 児童図書館が子どもたちにとってかけがえのない機関であることを強調している。

---

1) ALA PRESIDENT'S MESSAGE By Mary R.Somerville *American Libraries* (ALA June/July 1997) p.50.

（1） 児童サービスの意義

　公共図書館は，地域住民すべての人々に分けへだてなくサービスを展開するが，とりわけ，短期間で心身ともに大きな成長をとげていく児童には十分に配慮されたさまざまな図書館サービスが提供されなければならない。それは，子ども時代の楽しい本との出会い，読書体験が後の読書習慣，思考や人格形成に大きく関与するからである。「子どもの読書活動の推進に関する法律」の第2条（基本理念）は，「子どもの読書活動は，子どもが，言葉を学び，感性を磨き，表現力を高め，創造力を豊かなものにし，人生をより深く生きる力を身に付けていく上で欠くことのできないものであることにかんがみ，すべての子どもがあらゆる機会とあらゆる場所において自主的に読書活動を行うことができるよう，積極的にそのための環境の整備が推進されなければならない。」と，明記している。したがって，公立図書館，学校図書館の整備充実と専任司書の配置は急務であり，図書館活動の中で児童サービスの占める比重はきわめて大きい。

　アメリカ図書館協会児童図書館部会が1964年に制定した「公共図書館における児童サービスの基準」[1] の中で，児童サービスの目的として，図書館学者ハリエット・ロングの著書の中の提言[2] がそのまま引用されている。

〈目　的〉

　児童に対する公共図書館サービスの目的は次のとおりである。

(1)　巾広く，変化に富んだ蔵書が容易に利用し得るようにすること。

(2)　図書，資料の選択において，児童を指導すること。

(3)　自発的，主体的な読書のよろこびを形成し，拡大，進化させること。

(4)　公共図書館の資料を利用することによって，生涯にわたる教育を奨励すること。

---

1 ）　Standards for Children's Services in Public Libraries（ALA, 1964）p.13.
　　この全文の邦訳：北島武彦・中谷紀美子共訳　公共図書館の児童サービス基準　現代の図書館
　　（日本図書館協会：Vol.6 No.2 1968/6. p.78-82.

2 ）　Harriet G. Long : Rich the Treasure（ALA, 1953）
　　全文の邦訳：友野玲子訳　児童図書館への道　日本図書館協会　1966.

(5)　児童が自己の才能と社会的知識を最大限に発展し得るように援助すること。
　(6)　他の児童福祉団体と協力しつつ地域社会において社会的推進力となること。

この理念は半世紀以上たっている今日でも，わが国ではよりよい児童サービスを準備し，提供する上での指針となっている。

「ユネスコ公共図書館宣言　1994」の中の〈公共図書館の使命〉第1項では，「幼い時期から子供たちの読書習慣を育成し，それを強化する。」と明記している。この信念は，子どもの読書活動推進にかかわるすべての人々にとって強い励みとなる。

限りなくイメージを広げてくれる本の世界に子どもたちを誘い，読書をとおして人間性豊かな感性を子どもたち自らが培っていけるように支援していく活動こそ児童サービスの根幹であり，ここに児童サービスの意義があるといえよう。まさに，公共図書館は，子どもたち，一人ひとりが読書の楽しさとよろこびを見いだし，おのずと読書の習慣が形成されていく場なのである。

子どもたちを引きつける新鮮でゆきとどいた蔵書と快適な読書環境が用意され，子どもと子どもの本に精通した親切な児童図書館員によって運営される児童サービスは，必ずや将来，子どもたちを「自ら読書する陣営」に引き入れることができるであろう。

（2）　児童図書館員の専門性と求められる資質

現代フランスの児童図書館界で指導的立場で活躍中のG．パットは，その著書『児童図書館論－フランスの現場から』（赤星隆子訳　日本図書館協会　1998）の中でこう記している。フランスでは「あまりにも長い間，児童担当者はわずかな能力で十分である，と誤解され続けてきた」と嘆き，使命感よりも適性，適性よりも専門の知識と能力を必要とし，「児童部門の責任者が図書館全体の管理職の中できちんと位置づけられない限り，本当の意味での児童部門はありえない。」と力説している。新人がいきなり児童室へ配属される傾向の日本の図書

館員にはかなり刺激的な提言である。パットは使命感や適性を否定しているわけではない。児童図書館員となるには，一般の図書館員養成教育で止まらず，教育者としての研鑽，子どもの本そして子どもについての教育を深めるべきだと，強調している。

　公共図書館児童サービス担当者の人を，一般に児童図書館員と称している。児童図書館員の仕事を要約すると次の3項に絞られよう。

(1)　子どもの本をよく選ぶ。(選書など)
(2)　子どもの本をよく組織化する。(整理，排架など)
(3)　子どもと子どもの本をよく結び付ける。(フロワワーク，貸出，おはなし，ブックトークなど)

　以上の仕事をする前提として，子どもと子どもの本についてよく知り，サービス・エリアである地域社会にも精通していることが必要である。本をよく選び，よく組織化して整備するのも，究極の目的は，子どもと子どもの本を結び付けるためである。

　児童図書館員の仕事は，子どもたちを本の世界にいざなうことである。児童図書館員は，子どもにとって本や読書が大切であることを信じ，本はよいものであるとの信念をもって，子どもを本に近づかせ，本への興味をかきたて，読書が習慣化するように，あらゆる努力をしなければならない。

　そのために，子どもの興味や能力に留意しながら，一冊一冊を注意深く選書し，蔵書を構成していく。さまざまな読書興味をもつ子どもたちのために，幅広い分野から選ばなければならない。こうして収集された蔵書は児童図書館員の手助けによって生きてくる。児童図書館員は，日々の仕事の中で，一人ひとりの子どもと接して，おのずと子どもと本を結び付けるようにする。子どもが本の世界に入るためには，幼ければ幼いほど，おとなの手助けが必要となろう。子どもは楽しい本と出会いたいと思っている。その気持ちを察して適切な本を手渡してくれる人が必要なのである。子どもに本を手渡すだけでなく，子どもをとりまくおとなや保護者に，「読んであげてください」と働きかけるのも児童図書館員の重要な役目である。

日本図書館協会図書館員の問題調査委員会の報告によれば,「図書館員の専門性は,利用者を知り,資料を知り,これを結び付けるための技術を駆使することによって,常に人間の知識面に働きかける知的労働である」[1]という結論を出している。この委員会にメンバーの一人として加わった久保輝巳は,図書館司書の専門性の特性としてつぎの4点に集約している[2]。

(1) 図書館資料を媒介として,利用者を相手に発揮され専門性である。
(2) 利用者の検証により確認され,高められていく専門性である。
(3) 個々の司書を基礎としながらもそれを構成要素とした職場集団により,組織的に発揮される専門性である。
(4) 日常業務の実践と不断の研修の蓄積により形成,検証,または再構築され,再び日常業務に還元されていくという累積的循環性をもつ専門性である。

このことは当然,児童図書館員にも当てはめられるが,冒頭に記したように心身ともに成長過程にあり,認識が未発達の段階の子どもがサービスの対象だけに,その専門性は一層,特化されていこう。その専門性・資質は,

(1) 子どもの心と視点をもち,子どもの本に精通し,子どもと本を結び付ける技能にたけたスペシャリストであること。
(2) 子どもからのさまざまな資料要求に柔軟に対応でき,子どもたちの信頼感を引き寄せる感性をもつスペシャリストであること。
(3) 協調性に富み,児童図書館員だけでかたまらず,担当を超えて子どもたちのために相互に協力しあえる組織集団であること。
(4) 子どもを取り巻く環境,状況に常に敏感であり,自分の職務を向上させたいという自己啓発意欲に満ちたスペシャリストであること。

など,となろう。

しかしながら,児童図書館員の専門性の前に立ちはだかる大きな壁があることも動かしがたい現実である。公共図書館を管理運営する地方自治体の中には

---

1) 図書館員の問題調査委員会編:図書館員の専門性とは何か　日本図書館協会　1976　p.138.
2) 久保輝巳:図書館司書という仕事　改訂版　ぺりかん社　1994　p.87-90.

司書を専門職として採用していないところが多く存在する。その典型は東京都23特別区であろう。平成8年度をもって，司書という職名をすべての特別区が廃止してしまったのである。司書有資格者が現在も区立図書館に勤務しているものの，一定の期限がくると図書館とは無関係の職場へ異動，配転させられてしまう。保育所には保育士が，学校には教諭がいて，図書館にはなぜ司書が配置されないのか，理解に苦しむところである。

全国子ども文庫調査実行委員会が1993（平成5）年に行った調査によると[1]，子ども文庫から見た図書館職員への不満理由について，次のような結果が報告されている。

① 専門的な職員の配置を……………………………………… 518 文庫
② 職員が少なすぎると思う……………………………………… 392 文庫
③ 親切な対応の職員の配置を…………………………………… 305 文庫
④ 子ども文庫に対して事務的な対応をする…………… 231 文庫
⑤ その他……………………………………………………………… 117 文庫

⑤その他の不満内容は，「子どもが図書館で叱られる」「職員の雰囲気が暗い」「職員の質にばらつきがある」「新卒ばかりを採用」「10年以上のベテランがいない」「本についての知識不足」「選書や児童書の勉強不足」など。

まさに児童図書館員の専門性の核心に迫る，かなり致命的理由があげられているのである。現実は，市民から求められている児童図書館員像とは程遠いものだが，まず，司書職制度を確立させ，地道な実績を積みながら市民の期待に一つひとつ着実に応え，図書館が市民生活にとって不可欠な存在になるよう努力していかねばならない。

最後に，日本図書館協会児童青少年委員会が主催した児童図書館員養成講座でのアンケート結果を紹介したい。この講座は図書館員経験5年以上のベテランの現役司書が対象で，筆者が受けもった25人の受講生へ，研修開始前に宿題として課したものである。求められる専門性を各自，自由に5つまであげても

---

1) 全国子ども文庫調査実行委員会編：子どもの豊かさを求めて3 ―全国子ども文庫調査報告書― 日本図書館協会 1995 p.55-57.

らい，筆者が集計，編集した．

受講生があげた児童図書館員に求められる専門性

(JLA 児童図書館員養成講座 1997 年 9 月 25 日実施)

〈知識，技能面〉
1．子どもの本に精通し，子どもの本を評価できる力を有していること．……… 24件
2．子どもの発達段階に応じて，子どもに優れた本を選書でき，かつ，自分の図書館に課せられた機能を遂行できるバランスのとれた蔵書構成を維持できること．
……………………………………………………………………………………… 18件
3．子どもの特性，興味，子どもを取り巻く状況，文化をよく知り仕事に生かせること．
……………………………………………………………………………………… 18件
4．子どもと子どもの本を結びつける技術，技能にたけていること．特にブックトーク，ストーリーテリング，読み聞かせなど．……………………………………… 17件
5．年間の事業計画をたてられ，行事や展示などを実施できる企画力や行動力を有していること．………………………………………………………………………… 5件
6．常に子どもの心，子どもの視点や立場で物事を考え行動できること．……… 5件
7．自分の能力を更に伸ばしたいという意欲をもち，自己研鑽に努めることができること．………………………………………………………………………………… 5件
8．使いやすく，楽しい図書館作りやサービス向上を常にこころがけること．… 2件
9．子どもに影響力をもつ親や教師に対し，明確に誤っていると思われる要求には毅然として適切な対応，助言ができること．……………………………………… 2件
10．図書館活動の PR 能力にたけていること．………………………………………… 2件
11．各種のブックリスト作りができること．…………………………………………… 1件
12．子どもの本の出版状況，事情を常に把握していること．………………………… 1件
13．子どもにとって最善とは何かを感知し，子どもを取り巻く状況に行動できること．
………………………………………………………………………………………… 1件

〈人間性，性格，人柄の面〉
1．協調性．だれともコミュニケーションがとれるバランス感覚を有していること．
………………………………………………………………………………………… 5件
2．知的好奇心と柔軟な対応力のもち主．……………………………………………… 4件
3．社交性・交渉力．……………………………………………………………………… 3件
4．体力・気力のもち主．粘り強いこと．……………………………………………… 2件
5．分け隔てなく公平であること．……………………………………………………… 2件
6．信頼性．………………………………………………………………………………… 2件
7．ユーモアの精神と厳しさを併せもつこと．………………………………………… 2件

```
 8. 子どもに好かれ，よき友達になれる人。……………………… 2件
 9. 抜群の記憶力。…………………………………………………… 1件
10. 人にアピールできる人。………………………………………… 1件
```

　この結果を見てもわかるように，児童図書館員に強く求められることは，子どもの本の知識と評価できる能力であり，発達段階での子どものすべてについて理解できる力である。これを前提に，子どもと本とを結び付けるさまざまな技能に精通していることが必須の条件となる。

　子どもと子どもの本が好きで図書館の仕事を生涯の職業として打ち込める意気込みと信念をもち，思いやり，協調性，信頼性に満ち，スピーディーに対応できる児童図書館員を，市民は求めてやまない。

2. 児童室の企画，立案，運営，年間計画，施設，設備

　2001（平成13）年12月に「子どもの読書活動の推進に関する法律」が施行された。翌年8月には「子どもの読書活動の推進に関する基本計画」が閣議決定され，国，地方自治体をあげて取り組む方針が示された。各地方自治体が子ども読書活動推進計画を立ち上げ，実施していく上で公立図書館に市民の寄せる期待は大きい。とりわけ児童図書館員の役割はますます重要となってこよう。

　子どもが気軽に図書館へ足を運び，豊富で魅力に満ちた本に囲まれ，読書の楽しさを自ら体験してもらうために，図書館は，子ども読書活動推進計画も視野にいれながら十分な計画を練り，準備しなければならない。快適な読書環境をどのように構築していくか。よく訓練された，親切な児童サービス担当者をどのように配置し，研修していくか。貸出，お話し会や読み聞かせなどの日常業務をはじめ，夏休みやクリスマスの特別な行事の企画，また，学校，幼稚園，保育所，児童館などとの協力事業など，盛りだくさんの活動を成功させるには，まさに前年度の夏ごろ，予算要求とあわせて作成される事業執行計画にかかっ

ている。

(1) 地域社会と子どもの生活圏を知る

　児童室でのサービス活動の年間計画をたてるにあたり担当者は，図書館が設置されている地域社会の状況や児童生徒をとりまく生活圏，学校などの関連施設の最新の状況を調査し，把握しておかねばならない。石井桃子は『子どもの図書館』の中で「ポストの数ほど図書館を」と，主張している。子どもが徒歩で10分から15分で図書館へ行ける範囲に1館はぜひとも必要である。

　言い換えれば，サービスエリアは，図書館を中心に半径約1km圏が子どもが利用可能と考えられる。このエリアには，乳幼児から12, 13歳児までの子どもの人口はどのくらいか。その地域には学校，保育所などの関連施設はどうか。図書館が設置されている場所は住宅街か商店街か。最寄りの駅からの距離がどのくらいか。これらの条件や児童生徒の生活圏とのかかわりの中でサービス計画を立て，最も近い隣接図書館や分館とのネットワーク形成や類似施設との相互協力体制をたえず念頭において計画を進めなければならない。子どもたちが「いつでも，どこでも」図書館サービスが受けられるように，子どものための文化状況を知り，図書館未設置の空白地域へのサービスも視野にいれた計画が望まれる。

(2) 児童サービス計画の前提—条例・規則

　年間事業計画の作成にあたり，図書館の運営方針を再度，見直し確認しておく必要がある。当該の自治体が図書館を新設する場合，図書館法第10条の規定により，議会の審議，承認を得て図書館設置条例が制定される。設置条例は，一般的には，「設置」，「図書館の名称と位置」，「条例に必要な規則（または館則）を別に定めること」などで終始し，事業方針や業務内容は「規則」で定める図書館が多い。図書館は，どのような運営方針のもとに，どのようなサービスを市民に保証し，どんな方法で提供していくのか。このことは「規則（または館則）」によって明確にされるのが一般的である。東京・東村山市立図書館の「設

置条例」では，設置目的，職名司書，館長の司書資格要件，守秘義務，さらには地域図書館活動（子ども文庫など）の援助をも規定しており[1]，図書館を愛する市民の要求が反映されている。

いずれにせよ，児童サービスを含む図書館活動は，「条例」，「規則」を大前提に，市民の立場に立った運営方針により，組織的，体系的に実施されなければならない。

(3) 児童サービスの運営方針と事業計画

現在，全国の自治体は，教育委員会事務局および図書館が中心となって「子どもの読書活動の推進に関する法律」に基づき，「子ども読書活動推進計画」（以下，「推進計画」と略称）を策定中であり（国は子ども読書活動推進基本計画を平成14年8月2日策定済），東京都をはじめ43都道府県も推進計画を策定，発表している（平成16年10月現在）。まもなく多くの地方自治体が策定を完了するであろう。各自治体とも，郵便，FAX，電子メールをとおしてパブリックコメントも受け付けている。発表されたいくつかの「推進計画」を見てみると国の「基本計画」にそって策定しているが，各種の施策を実施する上での具体的な数値目標があげられていない。文部科学省は，発表直後に予算額などを明記しているが，自治体は「財政上の措置を講ずるよう努める」に終始している。

3-1表に，岡山県の平成15年以降実施予定の「子ども読書活動推進関連事業」を示した。平成19年までの計画だが，年月までは明示されていないので，どれが今年度の事業計画にのるのか不明である。しかしながら「推進計画」の一部が，平成15年度の児童サービス運営方針と事業計画に含まれていることは間違いない。

児童サービスでは定評のある東京・調布市立図書館は「推進計画」を目下作成中であるが（平成15年8月末日現在），「調布市立図書館基本運営方針」の第3項目に，「子どもによい読書環境を提供するため，各館に独立した子ども室を

---

[1] 「子どもの読書活動の推進に関する法律」を考える・シンポジウム記録　日本図書館協会編　2002　p.71.

3-1表 子ども読書活動推進関連事業（平成15年度以降実施予定）

番号	事業名	担当課
1	絵本と出会う・親子ふれあい事業	保健福祉部健康対策課
2	子育て学習推進事業	教育庁生涯学習課
3	子育て支援ネットワークの充実	教育庁生涯学習課
4	「家庭教育手帳」、「家庭教育ノート」の配布	教育庁生涯学習課
★5	県立図書館開館準備	教育庁生涯学習課 総合文化センター
★6	おはなしボランティアステップアップ講座	教育庁生涯学習課 総合文化センター
★7	県立図書館ボランティア養成講座	教育庁生涯学習課 総合文化センター
★8	読書ネットワークの構築	教育庁生涯学習課
★9	「おもしろ読書事典」作成事業	教育庁指導課
10	司書教諭研修講座	教育庁指導課
★11	生きる力をはぐくむ読書活動推進事業	教育庁指導課
★12	子ども読書活動推進フォーラム in 岡山	教育庁生涯学習課
★13	おかやま「どんどん読書」実践事例集の作成	教育庁生涯学習課
14	幼稚園における道徳性の芽生えを培う活動等の充実に関する調査研究	教育庁指導課
★15	オンライン予約システム及び資料搬送システムの開発・試行	教育庁生涯学習課 総合文化センター
16	図書館職員等研修会	教育庁生涯学習課 総合文化センター
★17	子ども読書活動推進専用ホームページの開設	教育庁生涯学習課
★18	子ども読書活動推進会議の設置	教育庁生涯学習課 総合文化センター
★19	「市町村子どもの読書推進計画」策定研修会	教育庁生涯学習課 総合文化センター

★は、「どんどん読書プラン（子ども読書活動総合推進事業）」として、重点的に取り組みます。

（出典：岡山県子ども読書活動推進計画～おかやまどんどん読書プラン～2003年3月策定
http://www.pref.okayama.jp/kyoiku/syogai/dokusho/index.html　H16.2.22最終アクセス）

設け，あらゆる機会をとらえて児童サービスを実施する」[1]と，明記している。調布市立図書館は「おはなし会」をはじめさまざまな行事を展開しているが，本との出会いの場を提供するための集会，「小学生読書会」を毎月1回開催している。ここでは，読み聞かせ，ブックトーク，ストーリーテリングや工作，科学あそびなどをおりまぜて実施している。「小学生読書会」は年間会員制で（定員50人，4年生から6年生が対象），平成15年度の日程とプログラムを紹介しよう。

小学生の読書会のご案内

第1日曜日 午前10時から11時30分 （4月と8月は休み 1月は第2日曜日） 調布市文化会館 「たづくり」学習室	5月4日	もっと図書館を知ろう ようこそ，図書館へ
	6月1日	みんなは，どんな花が好き ガーデニングは楽しい
	7月6日	夏はこれが1番！ こわーいはなし
	8月	（夏休み）
	9月7日	平和を考えよう 戦争のはなし
	10月5日	頭を使おう かしこいねずみのはなし
	11月2日	みんなは，どんな家にすんでみたい 世界各地，家めぐり
	12月7日	もうそこまで クリスマスの本，工作を楽しもう
	1月11日 （第2日曜日）	今年の干支は さるのはなし，伝承あそびを楽しもう
	2月1日	将来を見つめよう 私たちの生きる道
	3月7日	たまには… 絵本を読んでみよう

（出典：調布市立図書館HP　http://www.lib.city.chofu.tokyo.jp/2event.html
H16.2.22最終アクセス）

1）　文部省：本はともだち―公立図書館の児童サービス実践事例集　第一法規　1996　p.84.

このように，図書館が市民に対し，運営方針の中でサービス内容を明確に打ち出しているケースでは，それなりの実績をあげていることは明らかである。運営方針の奉仕内容の中でサービスの種類を単に列記している図書館はまだよいほうで児童の二文字も見られない図書館では児童サービスはあまり重視していないとみられても仕方がない。

　設置条例や規則に児童サービス内容が明記されていなくとも，児童サービス担当者のためのスタッフ・マニュアル（仕事の手引き）を準備し，きめ細かく対応している図書館も少なくない。その中で，奉仕計画，資料の選択・整理業務，子どもへの直接サービス，学校との連携などの対外サービスなど，事細かに明文化している図書館がある。東京都大田区立図書館児童奉仕担当者会が1997（平成9）年5月に，部内資料として作成した「児童担当者心得帖」である。「入門編」「実技編」本編ともいうべき「児童奉仕担当者向けマニュアル」の三部からなっている。これに刺激されて神奈川県図書館協会児童奉仕研究委員会でも，さらに充実した「児童奉仕スタッフ・マニュアル」を作成している。

　年間奉仕計画（または〇〇年度事業執行計画）は，図書館によって，計画表の形式はいうまでもなく，サービス内容，実施方法，実施時期などさまざまである。予算が確定した段階で（12月から1月），前年度からの課題や反省を踏まえて，早く作成に取りかからねばならない。予算が減額されたり，人員が削減されるのが当たり前になっている昨今，前例踏襲にとらわれることなくサービスの低下を招かないよう，ムダを省き，工夫をこらした計画を練る必要がある。計画案が完成したら，担当者間でさらに検討を重ね，他の部署との調整をはかり，館長決裁へ上げていくこととなる。

（4）児童のための施設・設備

　児童室とは，公共図書館施設の一部として子どもの本が集められた独立した空間を指し，付設して，お話し会用のスペース（お話しの部屋），児童専用の手洗所，研究者用の児童資料室も含む場合もある。2002（平成14）年5月，上野に全面開館した国際子ども図書館，広島市子ども図書館や財団法人東京子ども図

書館などのように,独立した建物と児童書,研究書で構成された典型的な児童図書館もあるが,図書館内に児童室(子ども室)または児童コーナーで構成されているのが一般的である。

a．児童フロア

　市区町村立図書館で最近建設される新館では,児童室に大きなスペースをさく所が多くなる傾向がある。『公立図書館児童サービス実態調査報告　1999』(「日本の図書館　1999」付帯調査　日本図書館協会　2000)によると,児童室(コーナー)の面積で一番多いのは,「50～100 m²未満」で 455 館,「100～150 m²未満」が 409 館と続き,「250 m²以上」という広い児童室をもつ図書館が 303 館ある。自治体種類別の児童室平均面積は次のとおりである。

　　都道府県立図書館……………………226.1 m²
　　政令指定都市立図書館……………180.8 m²
　　市立図書館……………………………171.7 m²
　　東京都23特別区立図書館…………138.9 m²
　　町村立図書館…………………………111.8 m²

ちなみに児童室面積の上位は,宮城県図書館が 674.0 m²,大阪府立中央図書館が 627.0 m²,徳島県立図書館が 566.0 m²の順位となっている。

　児童室の位置は,俗にストリートレベルといわれる 1 階のエントランスに近い部分に設置されるとよい。しかも段差もなく車イスの子どもも容易にアプローチできるように設計されるべきである。規模の大きな図書館では児童専用の入り口を設けているところもある。図書館が複合施設として 2 階以上に配置せざるをえない場合は,障害のある利用者に十分配慮してエレベータやエスカレータの設置は当然である。

　児童室には,専用のカウンターをおき,専任の児童図書館員を配置して,貸出,返却の他に,読書案内にも十分に対処できるようにしたいものである。児童コーナーの場合は,子どもたちの動きが十分掌握できる位置に総合カウンターを設置しなければならない。児童室の利用者は,親子づれの乳幼児から,小学校高学年の児童まで,さまざまであるが,建築家で大阪工業大学教授,篠塚宏

第 3 章　児童図書館サービス

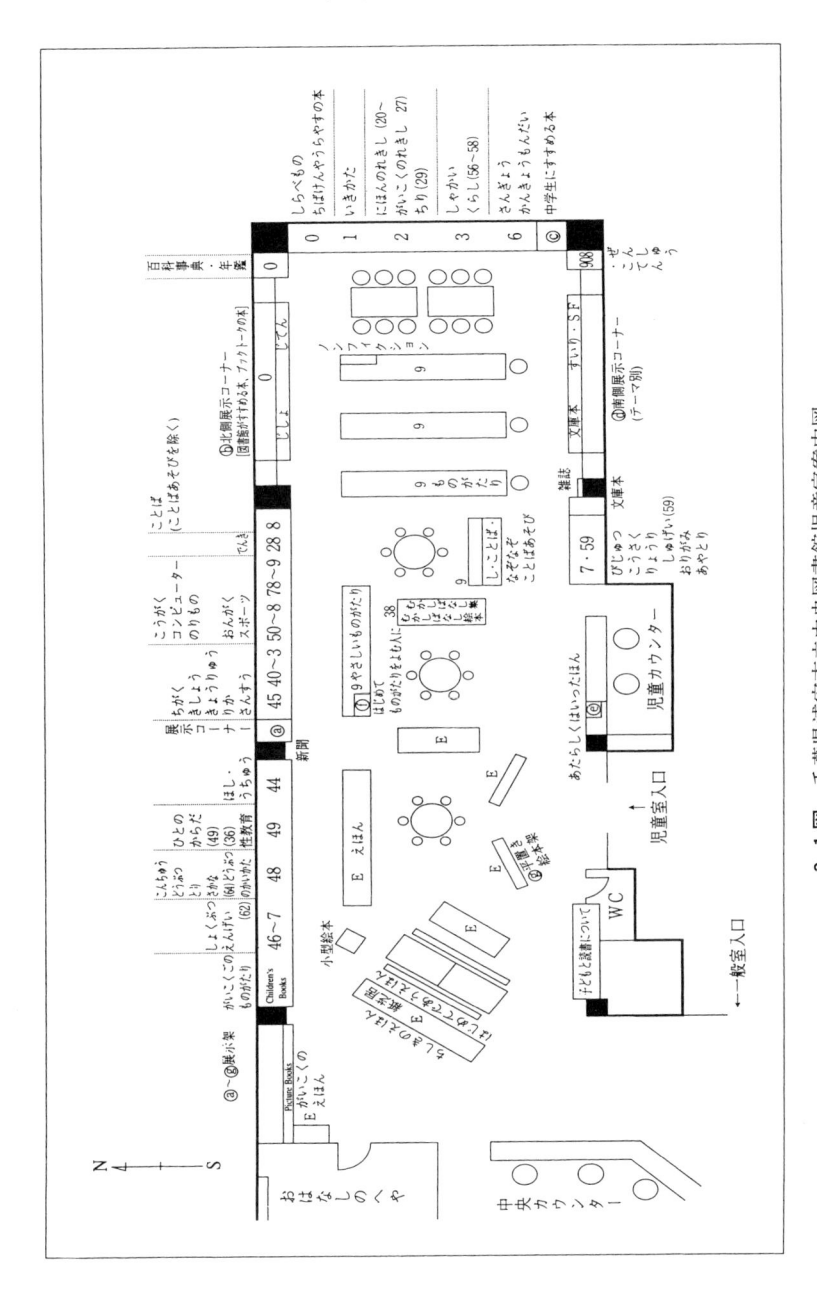

3-1 図　千葉県浦安市立中央図書館児童室案内図

(出典：文部省編『本はともだち―公立図書館の児童サービス実践事例集―』第一法規　1996　p. 23.)

三によれば「5歳児の身長は1,071 mm，小学6年生の女子の身長は1,460 mmであり，その身長差はおよそ400 mmに及ぶことがわかる。児童室はその人体寸法にふさわしい構成，いわゆるヒューマン・スケールであることが望ましいことはゆうまでもない」[1]と，述べている。いずれにせよ，子どもたちにとって居心地のよいスペースを作りだすため，天井，書架，椅子や机など，さまざまな要素を念頭においた工夫が求められる。

b. 書架

児童室専用の書架は，高さ1,100 mmの低書架が一般に用いられる。小学校中学年以上の児童が，書架の上段越しに前方が見渡せるもので，3段で構成されている。最下段の棚は図書を取り出しやすいように斜めに張り出してあり，書架の安定度もよい。篠塚は，「書架を使う立場からは，目の高さの上一段が実用範囲といえる。絵本や低学年向きの本，幅広い年齢層が利用する図鑑などは低書架に排架し，物語の本や高学年が利用する本などは，高学年の体位に応じた

3-2図　児童室の書架の様子
（さいたま市立東浦和図書館）

---

1),2)『児童図書館員のための建築入門─建物設備にみる児童奉仕─』日本図書館協会児童青少年委員会　児童図書館員養成講座テキスト　1997　p.8.

書架に排架するという工夫が望まれる」[2]と,提案されている。

児童室資料の主役である絵本の排架はむずかしい。薄いが,タテ長,ヨコ長があり,小型絵本から大型絵本まで出版形態が多種多様だからである。基本的には表紙を展示できるような書架がよいのだが,収容冊数が極端に限定されてしまうのが欠点である。筆者の経験からいえば,4本足で支えられた立方体の絵本箱が有効である。ぎっちり収めるのでなく,やや斜めに寝かせるかたちで収容すると,表紙も確認でき,所在記号のラベルも見ることができるので目的の本を容易に探すこともできる。この絵本箱と展示型の絵本書架の併用が効果的である。さらに,書架と書架の間のスペースの随所に,高さ40cmほどの円形のクッション椅子が置かれると,腰掛けて絵本を探したり,読むこともでき,疲労も防げる。

c. 机・椅子

児童室には,幼児から小学校高学年の児童,生徒も訪れるので,どの年齢層の子どもに照準を合わせて備品類を準備するかはむずかしい。「人体構成にふさ

3-3図 児童室の閲覧スペースの様子
(さいたま市立東浦和図書館)

わしいヒューマン・スケール」を基本にすれば，① 幼児，② 小学校低学年，③ 高学年の3段階のそれぞれの平均寸法に合致した備品を調達するとよい。机は，長方形の標準型をメインに，幼児，低学年用に円形や楕円型のものを置くなどして変化をもたせ，夢のあるバラエティーに富んだ雰囲気を演出したいものである。椅子もウレタンフォームを入れた弾力のある，座り心地のよいものを準備したい。

3. 読書への導入と展開

公共図書館は地域社会のすべての子どもたちに開放されている。図書館にやってくる子どもたちは，目的，興味，関心，年齢，能力，家庭環境など一人ひとりが異なっている。

一人ひとりの子どもを対象に，自由で開放的で自主的な楽しい雰囲気の中で本，読書，図書館に親しみをもつように導入をはかっていくことが，児童図書館員の最も重要な仕事のひとつである。

(1) 子どもに，本や読書に対する興味と関心を起こさせ，図書館に対する親しみをもたせる。

(2) 定評のある本，子どもがまだ知らないすぐれた本，役に立つ本を紹介する。

(3) これらの活動を通じて，図書館の利用を習慣化していく。

以上の仕事を実際に展開していく過程は，次に述べるとおりである。これらの活動は，子どもの読書生活に児童図書館員が積極的にかかわりをもっていくことになるので，児童図書館員の資質と姿勢が成否の鍵を握ることになる。子どもに接する姿勢は，教えるという教師のような態度や方法は好ましくない。自主的で自由な環境を大いに活用して，一人ひとりの子どもに読書の喜びを啓蒙していく姿勢が好ましい。本や読書に関して子どもたちの相談相手になること，そして広い意味での教育的配慮をもつことが大切である。

（1） フロアワーク（floor work）

　フロアワークとは，カウンターワークに対して用いられるサービス業務でフロアデューティー（floor duty）ともいう。図書館にやってきた子どもが，書架の前で，どの本を選んだらよいのか，困惑している様子が目にはいったら，さりげなく近寄り，選書の手助けや適切なアドバイスを行う。特に，図書館へ初めて来た子どもは，手洗いはどこにあるのか，本を借りるにはどんな手続きをしたらよいのか戸惑うものである。カウンターを離れて実施する簡単な利用案内や読書案内などのサービスは，児童図書館員にとっては重要な日常業務であり，原点でもある。物おじしない子どもばかりではない。控えめで，遠慮がちな子どもも多く図書館へこよう。おしつけがましい対応にならないよう注意し，良好なコミュニケーションを維持しつつ進める。こうしたサービスの積み重ねが，子どもたちからの信頼を生み，図書館の存在感を高めていくのである。

〈フロアワークを実践する上での留意点〉

(1)　短い会話のやりとりの中で，子どもの要求，読書経験や能力などを的確に把握して，適書を数冊用意して，提供すること。

　レファレンスサービスにも通じることだが，子どもはまわりくどい質問をしてくる。自分がたずねたい事を明快に理解していなかったり，適切なことばで表現できないからだ。根気強く，しかも親切に問い掛けて，何を探しているのかを引きだすことが大切である。

(2)　本を決めかねている子ども，相談に来た子どもに対しては，本の内容や使い方を知らせて読む気をおこさせるために，その場で簡単なブックトークを試みること。

　本の内容について短い紹介をすることは，子どもにその本についての興味と関心を起こさせ，読んでみようと決心するきっかけをつくることになる。

(3)　日頃から，子どもの信頼を得ることができるように，児童図書館員は子どもとの間に思いやりと温かい人間関係を作りあげるように努力すること。

　一人ひとりの子どもに合った接し方をするよう心掛け，あくまでも助言と励

ましをするのであって，干渉や親切のおしつけにならないように注意しなければならない。

(4) フロアワークに，常に対処できるようカウンターの要員の配置を確保すること。

　貸出，返却業務に忙殺されてフロアワークまで全く手がまわらない事態がよく起こる。読書案内のサインを掲示し，司書の配置を確保する必要がある。

(2) 貸　　　出

1) 貸出の意義　『中小都市における公共図書館の運営』(通称「中小レポート」)や『市民の図書館』，(両書とも，日本図書館協会編，刊)の提言を記すまでもなく，貸出は図書館サービスの根幹をなすものである。図書館内の利用だけでは十分でない場合，資料を館外で自由に利用できるようにするのが貸出である。特に子どもの場合は，家庭で保護者から読んでもらって，本を楽しいと感じるようになるので，家庭での読書が大切である。子どもはくり返し読んで楽しむのと，興味を抱いて読み始めたら中断せずに結末まで読みおわりたい気持ちがおとな以上に強い。公立図書館は創世期以来，一般には貸出をしなかった時から子どもにだけは貸出をし，子どもの読書に便宜をはかってきた。

2) 登　録　貸出をうけるためには，図書館に登録手続きをする必要がある。何らかの証明書を持っている学生や成人と異なり，日本の子どもは証明書類を持っていないので，子ども本人の申請を信頼して，登録申込書に記入してもらう。氏名，住所，電話，学校名(幼稚園，保育所の場合はその名称)，学年，組，年齢，保護者名，などである。子ども自身が書けない場合は，代筆することも必要である。登録申込書に図書館員が代筆した場合には，利用案内のチラシを貸出の

3-4図　児童室の貸出カウンター
(浦安市立中央図書館)

本といっしょに持ち帰らせ，登録したことを保護者に知らせるように，子どもに言い添えなければならない。また，学齢前で字が読めなかったり，意味が理解できない時には，利用案内をわかるように説明する。そして予約やリクエスト制度がある場合は，その手続きを説明する。

3）延滞・督促　返却期限が過ぎても，何の連絡もなく貸出資料を返却しない子どもに対しては，督促をする。督促には，督促状を郵送する。電話やFAXなどで督促する場合もある。督促しても返却しない子どもに対しては，一定期間の貸出停止などで対応する。あらかじめ，子どもに「利用規則」を周知させておく。

　貸出中の汚損，破損，紛失した場合は，図書館利用規程に基づき対処する。一般には現物を弁償してもらうが，絶版や品切れで入手できない場合には，同等の価格の本を図書館側で指定するなどの方法をとる。

4）プライバシーの保護　子どもの読書についても，一般成人と同様にプライバシーを保護しなければならない。子どもは未成熟で発達途上にある人間なので，子どもに責任をもつ保護者からの問い合わせには対応する必要がある。しかし，それ以外の人々に対しては，原則として，職務上知ることのできた事項についての秘密は守らなければならない。子ども本人が留守中に，児童図書館員が予約や督促の件を保護者に電話で連絡する際，「書名」を明かしてはならない。

（3）　レファレンスサービス (reference service)

　レファレンスサービスとは，子どもを含む市民から寄せられるさまざまな情報要求に対し図書館のもつ資料，機能を駆使して情報（資料など）を見つける援助をしたり，提供したりする一連の業務をさす。利用者に接して，特定の質問に回答したり，情報検索の援助，手助けするなどの業務をレファレンスサービスという。辞書事典，書誌類等の整備充実など間接的サービスをも含めてレファレンスサービスと称している。

　レファレンスという用語の意味は市民の間ではあまり知られていない。最近

ようやくこのサービスが定着してきたとはいえ，市民生活の中に根づいていないことも事実である。元京都大学教授，森耕一は『公立図書館の歴史と現在』（日本図書館協会　1986）の中でレファレンスサービスを阻害している問題点を3点あげている。

(1) 利用者は，職員を本の貸出，返却の手続きをする人と考えており，相談にのってくれる人とは考えていない。

(2) 図書館側に読書案内やレファレンスサービスを実施する姿勢や態勢が整っていない。

(3) 図書館側は，利用者に読書案内，レファレンスサービス等について十分に知らせていない。

1)　レファレンスの実例　　子どもから寄せられる質問の傾向を大別すると次の五つにしぼられる。①学校の学習課題，②自分の趣味，コレクションに関わるもの，③自分が探している特定の図書の所蔵の有無，④常日頃，抱いている疑問を解く手掛かり，などである。実例としていくつかあげてみる。

(1) 遺伝子組み替え食品や動物に関して子ども向けに書かれた本を教えて。

(2) 東京23区の「区の花」を知りたい。

(3) 4月23日が「子ども読書の日」になった根拠は。

(4) 南北戦争終結後のリンカーン大統領の有名な演説の全文を知りたい。

(5) 飼育中のハムスターはリンゴや煮干しが好物だが，与えて心配ないか。

(6) 忍者が着ている衣装の全身図のイラストがのっている本を教えて。

(7) 透明な氷の作り方が書いてある本を知りたい。

これらの質問は，ほとんど児童向けの文献で回答できるが，最新の情報を得るにはインターネットに頼らざるをえないケースもある。

3-5図　レファレンスを受ける子どもたち
（さいたま市立東浦和図書館）

2） 質問の内容を的確に把握するためのレファレンスインタビュー

フロアワークの所でもふれたように，子どもはまわりくどいたずねかたをしてくるか，あるいは明快な質問でも，児童図書館員は質問を鵜呑みにして本人が希望しているものとかけ離れた資料を提供する羽目になることがある。たとえば，「良寛和尚さんの本はないでしょうか。」との質問に，子どもにいきなり伝記の本を提供してしまう。けげんそうな表情なのでよく聞いてみると，秋の文化祭で良寛さんのエピソードを主題にした劇の上演を計画している。ついてはそうした学校劇の脚本集を探して欲しい，と判明したのである。

アメリカの図書館学者，キングはインタビューをとおして，次のことを引きだす必要があると主張する[1]。

(1) 利用者は何を知りたいのか。
(2) なぜそのことを知りたいのか。
(3) 得ようとする情報を使って何をしようとしているのか。
(4) その主題について本人はどの程度，知っているのか。
(5) どのような形態の情報が欲しいのか。
(6) どの位の量の情報が欲しいのか。

子どものプライバシーを侵害しないよう留意し，以上の事を把握する必要がある。

3） 何からどう調査するのか——情報調査の手段

(1) 子どもは正しい書名を教えてくれない ⇨ 所蔵，所在情報

所蔵の有無を照会してくる場合，おとなも子ども正しい書名を告げられない場合が多い。特定の本の所蔵有無をきいてくる例は，レファレンスの60％以上も占め，もっとも軽易な質問だが，気を抜くと落とし穴にはまる。『思い出のマーニー』（ロビンソン著　松野正子訳　岩波書店）を『マーニーの思い出』できいてきたり『おばけのてんぷら』（せなけいこ作・絵　ポプラ社）を『おばけのからあげ』と思い違いする。極端なケースでは，著者，書名をダブルミスし，「今

---

1) G.B.Kinng:"The Refrence Interview", *R Q* vol.12, 1972.

江祥智さんの書いた『じゅうべえまってろよ』ありますか？」ときいてきた例がある。よく調べてみると，子どもが求めていた本は灰谷健次郎著の『ろくべえまってろよ』（文研出版）であった。子どものいうことをそのまま信じると図書館が所蔵しているにもかかわらず，「あいにく当館では所蔵していません」と回答してしまう。この問題を防ぐには，一般書誌の『日本書籍総目録』や他館の Web OPAC にアクセスして，キーワードで検索してみることだろう。児童図書に精通している児童図書館員がいる館では十分クリアーできる。

　(2)　情報はみじかな資料の中に ⇨ 事実調査

「東京から北京まで直線距離で何キロありますか」との質問をうけた司書が日本航空の羽田事務所に照会したという図書館の話をきいたことがある。これなどはどこの図書館でも所蔵している『理科年表　机上版　平成 15 年　第 76 分冊』（国立天文台編　丸善）で即座にわかる。世界の主要な湖沼，山などの地質関係の数値ばかりでなく，都市の年間の平均気温，人口などこの『理科年表』は役にたつ。『理科年表ジュニア』も刊行されているので活用をすすめたい。その他，児童図書ではないが，『広辞苑』（岩波書店）は特に優れ物である。言うまでもなく，『玉川児童百科大辞典』（誠文堂新光社）や『21 世紀こども百科』（小学館）等も有効である。

　(3)　書誌目録がツールの主役 ⇨ 出版・書誌情報

「『大あばれ山賊小太郎』という本を購入したいが，著者，出版社を教えてほしい」など，書名，著者名，出版社，定価等の書誌事項をきいてくるケースも多い。所蔵の有無をきいてくる場合と似ているが，子どもに質問するには多少無理であっても，いつ頃発行されたか，著者は，いつ，どこで見たのか，（新聞の広告，学校の「おたより」など），手掛かりとなる情報が多ければ多い程，見つかる率は高くなる。この場合もインターネットは欠かせられない。新刊書は，「これから出る本」（日本書籍出版協会）や「トーハン週報」（トーハン）も有効だが，オンライン書店などのインターネットを利用した丸善，紀伊国屋書店のサイトは役に立つ。

　(4)　手間と根気を要する文献調査 ⇨ 参考文献情報

「環境保護について調べたいが，子ども向けに書かれたものを探して」といった類の質問は，レファレンスの真骨頂である。夏休みの課題でのケースが多く，保護者同伴でやってくる光景をみかける。質問を受けていきなり関連の書架に走っていかず，十分なインタビューを試み質問の真意をつかみ書誌類から調べる。冒頭の質問では，『増補改訂　どの本で調べるか　小学生のための図書館活用ブックガイド』（全10巻　リブリオ出版），『すてきな地球ブックリスト』（きりん館）などで目的を達成できよう。

4）レファレンスサービスを実施する上での留意点　　子どもに対するレファレンスサービスで特に，留意すべきことは次のとおりである。

① 質問を的確に把握すること

このことは，レファレンスインタビューのところで触れたので詳述はさけるが，子ども自身が，教師が出した宿題や質問をよく理解しないことがあるので宿題の意図，何を調べ，どんな解答を求めているのかをよく把握して，できるだけ複数の本を紹介する。

② 資料の範囲と程度

子どものレファレンスサービスでは，資料の範囲と程度が問題である。趣味に関する調べものになると，児童図書の範囲では資料が不足することがあり，成人向けの本や雑誌まで考えなければならなくなる。資料が提供できても，子どもの読書能力が問題であり，子どもの理解能力を超える。

夏休みの宿題にみられる昆虫や植物の標本作りの同定作業に使う図鑑や，郷土調べに使用する郷土資料についても言えることである。資料提供は，成人用のものまで提供する準備はすべきであるが，利用については，成人が助言するなりして助け，図書館員もできるだけ助けるべきであろう。

③ 解答の禁止と宿題

子どものレファレンスで最も多い宿題は，一般のレファレンスワークでは，解答禁止事項である。宿題に関する相談については，資料紹介をして，子どもに自分で解答を探しださせることが原則である。しかし，郷土資料のように，子どもの能力を超えるものについては，子どもの発達段階と資料との関連に応

④　資料利用の手助け

　漢字調べなど，漢和辞典の検索方法を知っていれば，子どもは自分の力で調べられる。子どもが使いこなせない場合は手助けをする。調べ方を教えることが解答につながることがある。

　児童図書館では，子どもたちが知識としてもっている資料検索を，実践するものとして教える必要がある。事・辞典の調べ方のみならず，図書館の目録検索を含め，図書館資料の中から自分が必要とする資料を探しだす方法も，機会をとらえて教えることが大切である。生涯にわたって図書館を効果的に利用する方法を習得することになるからである。

⑤　学校との連携

　一般的に言って，教師は子どもたちが宿題を児童図書館で解決しようとしていることについて，実情を知らないことが多い。学校図書館との連携を通じて地域の学校と児童図書館のより密接な連絡，情報交換が必要である。児童図書館からは，常に積極的な働きかけをすべきである。

　最後に，アメリカの図書館学者，ラグズディルが提唱した「児童に対するレファレンスサービスを実施する上で児童図書館員が守るべき原則」を紹介したい[1]。

(1)　子どもの質問を尊重しなければならない。どんな質問であろうとその子その子の人格や価値に判断をくだすことはできない。社会人に対応する以上に慎重に，真剣に，しかも親切，平等に取り組まなければならない。

(2)　資料等がなく，回答ができなかったために，「子どもを図書館から去らせることがあってはならない。」必ずなにかしらの手掛かりやレフェラルサービスとして他館へ照会したり，資料をとりよせたり，万全の措置を心掛けねばならない。

(3)　子どもは実際の所，何を捜し求めているのか，明確にしてから探索に向

---

1)　W.Ragsdale : Children's Service in Small Public Library　友野玲子訳　小公共図書館における児童奉仕　現代の図書館（日本図書館協会）vol.2 no.1　1964/3. p.30–31.

(4) 資料の検索に当たっては，手順をわきまえ「一歩一歩確実なやりかた」を心掛けねばならない。
(5) 子どもの質問に回答するときは，「広い観点，想像力，独創力の三つ」が必要とされる。

(4) 読み聞かせ

子どもと本との出会いには，必ずその間に本を読んであげるおとなの存在が必要である。文字を読めるようになっても，本の内容が理解できるとは限らない。小学校低・中学年くらいまでは，「文字が読める」ことと，「本が読める」こととの間には差があるのが普通である。人生経験の豊かなおとなが読み聞かせをすることによって，人生経験の少ない子どもは，読み手のおとなが描くイメージを共有することができ，本の世界を心ゆくまで楽しむことができる。したがって，読み手のおとなは，自分が好きな作品，読んであげたいと思う作品を取り上げることが大切である。

読み聞かせの留意点をあげると次のようである。
(1) 作品は必ず前もって読んでおく。作品の内容，構成，雰囲気などをあらかじめつかんでおく。できるだけお話を覚えておく。
(2) 絵本を読み聞かせる場合は，対象年齢と読み聞かせる相手が個人なのか，数人なのか，それとも集団なのかを念頭において作品を選ぶ。
○絵本として優れていること。
○集団であれば，絵がはっきりしていて遠目がきく作品であること。
○文章が短く，簡潔であること。
○絵と文ができるだけ一致していること。文章と絵のページにずれがある場合は，文章を覚えて合致さ

3-6図　親子での読み聞かせ
（浦安市立中央図書館）

　　　　せるようにページをめくる。
　　　○絵本は，常に子どもが見やすい位置と角度で，しっかり手に持つ。
　　　○ページめくりは絵の邪魔にならないような箇所（上下の両端）にする。
　　　○顔は常に子どもの方に向けること。
(3) 絵本以外の読み物を選ぶ場合は，短編で，内容，文章ともに優れていて，耳から聞いて楽しいものであること。長編を取り上げる場合は，何回かに分けてできるように，10〜15分間くらいで区切ることができて，その部分だけでひとつのまとまりをもっているもの。
(4) フロアワークの中でもできることなので，機会を見つけて，積極的にやってみること。ひとりでも2〜3人でもよい。フロアワークでの読み聞かせによって，子どもの反応を身近に感じ，確かめることができる。この経験を集団の読み聞かせに効果的に活かすことができる。

（5） おはなし(story telling)

　おはなしも，読み聞かせと同様に，おはなしや本に描かれた世界を，児童図書館員と子どもが共有して楽しむことである。子どもたちは，おはなしも読み聞かせも大好きである。耳で語られることばを聞き，目で語り手の表情を見ながらおはなしの世界のイメージを共有することで，幼い子どもは，絵がなくても，ことばだけでイメージを描くことができることを知る。文字を知らない幼い子どもにとっては，おはなしを聞くこと，読み聞かせしてもらうことが，読書そのものであるといえるだろう。耳からの読書と言いかえることもできるだろう。
　おはなしはストーリーテリングとも言われているが，ストーリーテリングという言葉が日本の児童図書館員に知られ始めたのは1960年前後である。アメリカで児童図書館学を学んで帰国した人たちにより紹介された。児童図書館研究会や，日本図書館協会公共図書館部会児童図書館分科会主催の全国研究集会の場で，ストーリーテリングの実際が紹介された。誇張した身振りや手振りはなく，極端な抑揚やわざとらしさがない，素直で素朴なおはなしの楽しさに感動

した児童図書館員たちが，ぜひ，子どもたちにおはなしをしてやりたいという熱意をもち，徐々に支持者を増やして，次第にひろまっていった。子どもたちへの実践例が紹介されるに従って，児童図書館界のみならず，文庫のお母さんたち，保育士，幼稚園の先生の間にも広がっていった。

　ストーリーテリングは，現在，おはなしという名称で定着しているが，この普及に組織的に取り組んでいるのが，財団法人東京子ども図書館であり，1973(昭和48)年以来，"お話の講習会"を開催して，多くの語り手を育てている。

a．意義と効果

　おはなしを児童図書館で行う意義は，

(1)　子どもに読書の楽しさを知らせ，読書への導入となる。

　図書館でおはなしを聞かせる目的は，子どもと本を結び付けることにある。おはなしを聞いた子どもが，その話をもう一度聞きたいと思えば，その話の載っている本をおはなしの前後で紹介するので，借りていくことができる。すでに話の内容はわかっているので，文字が読めなくても，絵本なら絵を見ながら楽しむことができる。したがって，おはなしを語るためのテキストは，できるだけ図書館の蔵書の中から選び，おはなしの前後に，その本を紹介することが原則である。

(2)　子どもと図書館員の間に信頼関係が生まれる。

　おはなしを語ることは，語り手と聞き手の間に共通の世界を作ることであり，心の交流が行われる。この作用を通じて，子どもは，おはなしをしてくれる図書館員に親近感をもち，両者の間に信頼が生まれる。

(3)　おはなしを覚えること，語ること，聞き手の反応から，話の良否がわかり，子どもの本を選ぶ判断力を養うことができる。

　おはなしをすると，子どもたちは表情や動作で反応を示してくれる。それをよく観察して，話の成果を知り，話のテーマ，構成，ストーリーはどのようなものがよいか，判断できるようになる。

　おはなしの効果としては，

(1)　子どもの想像力を刺激して豊かにする。

(2) ものごとの核心に注意を集中して、問題解決のために考える力を養う。
(3) 語り手と聞き手のみならず、聞き手どうしの共感を通じて、人間関係を育てる。
(4) ことばに対する感覚を養い、語彙をふやすことができる。
(5) お話しを楽しむ力を育てる。
(6) 文字の読めない子にも文学を楽しむ機会を与えることができる。

b．話の選択

　おはなしが成功するか失敗するかの鍵は、話そのものの選択にかかっている。おはなしの魅力は、話の内容そのものにある。語り手がどんなに上手に語っても、話そのものがつまらなければ成功しない。語り手が多少未熟であっても、話そのものが聞き手を引き付けるだけの内容をもっていれば、聞き手は満足してくれる。

　話を選択する際の鉄則は、自分が好きな話、人に語って聞かせたい話を選ぶことである。自分が感動しない話を語っても、聞き手を感動させることはできない。話を選択する留意点としては、

(1) 話の構成としては、簡潔で起承転結がはっきりしていること、繰り返しがあること、話が一直線に進行すること。登場人物の性格が明確に描きわけられているもの。
(2) ことばは、簡潔で、力強く、美しい、選び抜かれたことばであること。昔話では、特に方言や擬態語、擬声語が効果的に使われているもの。
(3) 話の内容としては、センチメンタルな話やセンセーショナルな話は避けること。おおらかな笑いをさそう話や、事件解決への期待と満足が得られる話を選ぶ。
(4) まず、民話や昔話のようなものから選ぶ。本来、口伝えに伝承されてきた民話や昔話は、長い年月の間に、語るのにふさわしい形式になっている。再話のよいものを選ぶ。

　次には、昔話の形式をとっている創作がよい。子どもの日常生活を描いたもの、動物、乗り物などの話を子どもは喜ぶ。

これらがうまく語れるようになれば，長編の一部や，その中のエピソードやクライマックスを語って，子どもが長編ものを読む手がかりをつくることもできる。ただし，この場合は，話の前後の関係がわかるように，語るところの前後を編集する必要がある。

東京子ども図書館が刊行している『おはなしのろうそく』という小冊子が，話を選ぶ手がかりとして便利である。

c．話の覚え方

良い話は覚えやすい。覚えるための留意点は，

(1) 丸暗記はしないこと。

丸暗記をすると，ことばをひとつ忘れてもあとが続かなくなる。話を楽しむゆとりももてず，話の先を追うことに気をとられ，つい速度が早くなる。その結果，おもしろみのない，聞き手不在のおはなしになってしまう。子どもを観察する余裕がなく，話に対する子どもの反応をつかむことができなくなる。

(2) 話をよく読むこと。

繰り返し読み，話の全体とストーリーの流れと，話が展開していく場面の区切りをよくつかむ。

(3) 話をイメージ化する。

各場面を，頭の中でイメージ化する。絵本や紙芝居の絵をめくるように，イメージ化した各場面を覚えこむ。話をする時は，自分がイメージ化した絵を頭の中でめくるようにして語っていく。こうすれば，ことばをひとつふたつ忘れても，自分の中にストーリーと一体になったイメージがすでに形成されているので，語り続けることができる。

(4) イメージ化したものと音声を一致させる。

話を覚えたら，さらに数回，話を読んで確かめ，声を出して語ってみること。イメージ化しながら必ず声を出して語ってみることが必要である。

d．おはなしのしかた

話を語るときは，落ち着いた楽な声で語る。

(1) ことばをはっきりと発音すること。

(2) 話の内容，雰囲気にあった速さを考えること。

(3) 話の進み具合によって速度に変化をつけ，間をうまくとること。

(4) 声の高低を考えること。

話自体を伝えることに重点を置くので，語り手は前面に出ない。しかし話が単調になっては退屈するので，声に高低をつけ，アクセントをつけることが必要である。おはなしの途中での子どもの質問には応じない。おはなしを中断させてしまうからである。おはなしの中断は，おはなしという別世界から現実世界に引戻すことになり，好ましくない。

(6) 本の紹介

本を紹介するにはいろいろの方法がある。フロアワークで，子どもとの話し合いの中で日常的に行われる他に，行事として，子どもたちを集めて，ブックトーク（book talk）をするのも効果的である。特定テーマのもとに現物を展示する方法，ブック・ガイドや書評，図書リストのように，活字で広く知らせる方法などがある。

ここでは，ブックトーク，展示，図書リストなどについて述べる。

a．ブックトーク（book talk）

1） ブックトークの意義と位置づけ　本来ブックトークの対象はおとな・子どもの区別はない。また広いとらえ方をすれば，ブックトークとはその言葉どおり「本について話すこと」であり，本を紹介する作業は多かれ少なかれブックトークの要素をもっている。したがって，複数の子どもを想定し，ひとつのテーマを決めてそれに沿った数冊の本を順序よく紹介するもの，また日常のフロアワークの中で「面白い本はない？」と聞かれた時，その子どもに一冊の本を紹介するものもブックトークのひとつの形と言える。

子どもに対するブックトークの第一の目的は，紹介した本への興味を引き出すことであるが，子どもが紹介されたテーマに関心をもち，興味や読書の幅が広がることもある。「知りたい」と思う子どもの好奇心を喚起し，より広い読書への入り口を示すひとつの効果的な方法として，ブックトークを児童サービ

に積極的に取り入れることが望ましい。

　具体的なブックトークの場は、すでに述べたようにさまざまであるが、テーマを決め、プログラムを組み一定の時間をかけて行うブックトークの場合、図書館での大きい子向けのお話し会（小学校中学年以上）、学級招待や学校訪問など、学校を対象とした企画の中で行うことが効果的である。

　また、この形式でのブックトークを行う場合、留意したいのは対象年齢の設定である。ブックトークは本の内容そのものを子どもに伝える絵本の読み聞かせやおはなし（ストーリーテリング）とは異なり、「本の情報を伝える」「本の紹介をする」という要素が大きい。いわば「本の味見」である。読書経験をそれなりに積み重ね、読書習慣がある程度確立している子ども、読書興味が多様化し、色々な分野の本に個性豊かに手を伸ばす段階に達している子どもにたくさんの本との出会いの場を提供することがブックトークの効果なのである。

　したがって、まだ本そのものの魅力をまるまる十分に味わいたい年代の子どもたち（小学校低学年程度まで）には、ブックトークで次から次へと本を紹介するよりも、一冊一冊の本を最初から最後まできちんと読み聞かせるなどの読書経験を提供することを、まず第一に考えるべきである。この読書の積み重ねを土台にしてこそ、次の段階のブックトークがより効果的な形で子どもの心に届くからである。

　低学年向けのブックトークを行い、たくさんの本を紹介し、それぞれの本のさわりだけ読み聞かせして「この先はあとで自分で読んでね。」としめくくった時、子どもから非難の声が上がるなどという事例は、このブックトークの意義と位置づけをきちんと理解していないために起こる失敗例である。この年代の子どもたちにブックトークを行う場合は、お話し会などで無理のない冊数を流れの中に組み込んでいくなどの工夫が必要である。（本節(8)を参考のこと）

　もちろん、もっとくだけた形でのブックトーク（テーマを決めずに単発で紹介するブックトーク：お話し会で読み聞かせをした絵本との関連で紹介する、フロアワークで子どもの興味や好奇心に合った一冊の本を紹介するなど）は日常の業務の中で個々の子どもに本を手渡す方法として自然に存在するものであ

る。それぞれのブックトークの役割と意義を理解し，意識して上手に使い分けることが大切である。

2）ブックトークの方法　ここでは一定の年齢層の集団を対象とし，テーマを決めて行うブックトークの方法について述べる。

(1)　テーマを決める。

季節や子どもの興味に合ったテーマを設定する。またテーマを先に決めることにこだわらず，自分の「今紹介したい本」を核にテーマを展開させるのもひとつの方法である。また男女どちらにも受け入れられるテーマを選ぶようにする。

(2)　本を選ぶ。

対象となる子どもを常に意識し，テーマに合った本を選ぶ。子どもの興味範囲はさまざまなので，なるべく広い分野から（絵本・文学・ノンフィクションなど）幅広く選ぶようにこころがける。紹介する本は，ブックトークの所要時間にもよるが，通常5冊から7冊程度である。注意すべき点は紹介するに足る信頼できる本，自分自身が子どもと分かち合いたいと願う本を選ぶこと。一冊一冊の本に責任と自信をもって子どもに紹介することが，子どもに本を受け入れてもらう第一の条件である。

(3)　ブックトークを組み立てる。

全体の流れを頭において，本を紹介する順序・方法を考える。楽しい雰囲気を作る導入，強弱のある紹介，印象を残すしめくくりなどの工夫をし，紹介する各々の本や紹介者（自分）の個性を生かした魅力のあるプログラムを考える。子どもが見やすいように，パネルシアターや拡大コピーを用いる工夫をするのもよい。また紹介するときには，あらすじをだらだら紹介したり，「面白い」とか「楽しい」を連発することはさける。誇張や批判的な説明もせずに，それぞれの本の魅力を伝えるより効果的な演出を考えることが大切である。

(4)　その他

紹介した本について書誌事項や図書館での分類などをつけてリストを作り，子どもに配るようにする（リストの配布はブックトーク終了後にするとよい）。

ブックトークで紹介した本の貸出への配慮もきちんとしておくことが大切である。子どもはブックトークで紹介された本を覚えている。何週間もたってから本を借りに来ることもよくあることである。

ブックトークを実施した後は，その内容や子どもの反応などの記録を取り図書館で保管しておくのも大切である。評価や反省，次回のブックトークの参考の資料として活用する。

また，ブックトークの脚本を作成し，自分の財産とすることもすすめる。何度も同じプログラムを繰り返すことにより，ブックトークは洗練されたものになるし，対象年齢や状況に応じて本を入れ替えるなど，バリエーションをつけた新しいブックトークを展開する基盤となるからである。

ブックトーク実施プログラム例

ブックトーク「木の実をさがそう」

（実施 1998 年 3 月　小学校 3 年生向き）

あいさつ……自己紹介とこねずみしゅんの紹介（3 分）

　今日は「木の実を探そう」という題で，みんなに本を紹介します。
私の好きな本を，みんなも好きになってくれるといいなと思います。
　でもね，ちょっと一人では心配なので，仲のいいお友だちについてきてもらいました。お友だちを紹介します。（こねずみしゅんを出す。）こねずみしゅんくんです。このしゅんくんは，見かけによらず，本がとっても大好きで，自分で本も作っているんです。
　みんな「詩」って知ってる？　詩っていうのはね，楽しかったり，悲しかったりしたことを，ぴったり表せるように，歌のようなすてきなことばを探して書いたもの。
　この小さな「のはらうた」という本は，しゅんくんやのはらに住んでいる動物，虫，草，花などが作った詩をまとめた本です。私の大好きな詩がいっぱいのっています。
　今日は，その中からしゅんくんの作った詩を紹介します。

「のはらうた・Ⅱ」……導入（3 分）

　（こねずみしゅんの詩「かんがえごと」（p.48）の紹介から入り，パネルシアターを使っていろいろなどんぐりがあることを紹介する。最初は「かんがえごと」で使ったどんぐ

りのパネル10個から日本にあるどんぐり全てのパネルを見せる。）
　他にも，こんなにたくさんのどんぐりがあります。（パネルは貼ったままにする―最後まで）このどんぐりのことが詳しくのっている本がこの「どんぐりノート」です。

「どんぐりノート」……部分的に紹介（3分）

　ブナ科の木の実をふつうみんなが「どんぐり」と呼んでいます。でもブナやこのイヌブナ・スダジイ・ツブラジイ・オキナワジイは，ちょっとみんなの知っているどんぐりとは違うイメージかな？
　この他に外国にはオークといわれるどんぐりもあります。（オークのパネルを出す）この本を読むと，いろいろなどんぐりのことがよくわかります。それに，どんぐりを使った料理，どんぐりで作るいろいろな楽しいものの紹介ものっています。
　（付箋をはったページ，どんぐりでいろいろ作って遊べるところと実際に作ったカレンダーを見せる。どんぐりにもいろいろな種類があって実や葉の形もそれぞれ違うこと→パネルを並べ直してどんぐりを種類別に紹介，1年で実がなるどんぐりや2年で実がなるどんぐりもあることを紹介する→パネルを裏返して1年と2年のパネルに分ける。）
　どんぐりには，毎年実がなるどんぐりと実がなるのに2年かかるどんぐりがあります。そして，どうして実がなるのに2年かかるのか，考えて絵本を書いた人がいます。これがその本です。

「どんぐりかいぎ」……読み聞かせ（10分）

　さて，どんぐりは，みんなのよく知っている木の実ですが，他にも秋になると，たくさんの木の実を見つけることができます。みんなは，どんな木の実が他にあるか知っていますか？（子どもとしばらく話す）
　みんなが教えてくれた木の実など，たくさんの木の実のことがのっている本がこの本です。

「木の実ととともだち」……部分的に紹介（3分）

　ここにもどんぐりのことがたくさんのっています。（p.12）他の木の実―赤・青・黒そのほかいろいろな秋の木の実があります。みんなの知っている木の実がいくつ見つかるかな。探してきた木の実を調べてみるのにも便利だよね。
　この本には，木の実を使ったお料理のしかたやいろいろなものの作り方ものっています。もちろん，どんぐりのなる木の紹介もあります。（p.12）
　このページにのっているどんぐりは実物大なので，拾ってきたどんぐりと比べてみる

といいと思います。
　こんなに小さなどんぐりがたったひとつ空からおちてきたために，たいへんな騒ぎになってしまった，という愉快な昔話があります。これがそのお話がのっている本です。

「世界のむかしばなし」……部分的に読み聞かせ（3分）

　（本の中の「この世のおわり」（フィンランド）p.76の最初の部分のみ紹介。）
　この本には，他のいろいろな国の楽しいお話ものっています。ぜひ読んでみてください。さて，実は小さいけれど，どんぐりのなるブナ・カシ・シイなどの木はとても大きい木です。15Mから35M位の高さまで大きくなるんだそうです。次はとっても大きな木がほしくて，このマテバシイ（パネルのマテバシイをさして）の木の子どもを植える男の子の本を紹介します。

「おおきなきがほしい」……部分的に読み聞かせ（5分）

　（用意したしかけ絵本で読み聞かせを（部分的に）する。）
　本当にこんなに大きな木があったら楽しいね。マテバシイの木がかおるくんの思うような大きな木になったらいいなって思います。
　さて，最後に，もうひとつこねずみしゅんくんのどんぐりの詩を紹介します。この詩は，歌にしてみました。みんなも覚えてくださいね。

「のはらうた・Ⅰ」……まとめ（5分）

　（こねずみしゅんの詩「どんぐり」（p.112）を紹介し，歌のメロディーを子どもに教える。少し練習して子どもと一緒に歌いながら，貼ってあったどんぐりのパネルをはずす。ブックトークの終了。）

　最後に今日紹介した本と詩を書いた紙をみんなに渡します。読んでみたいな，と思う本があったらぜひ読んでみてください。もしかしたら「木の実博士」になれるかもね。

　配布資料：木の実をさがそう！（本のリスト）・詩「かんがえごと」

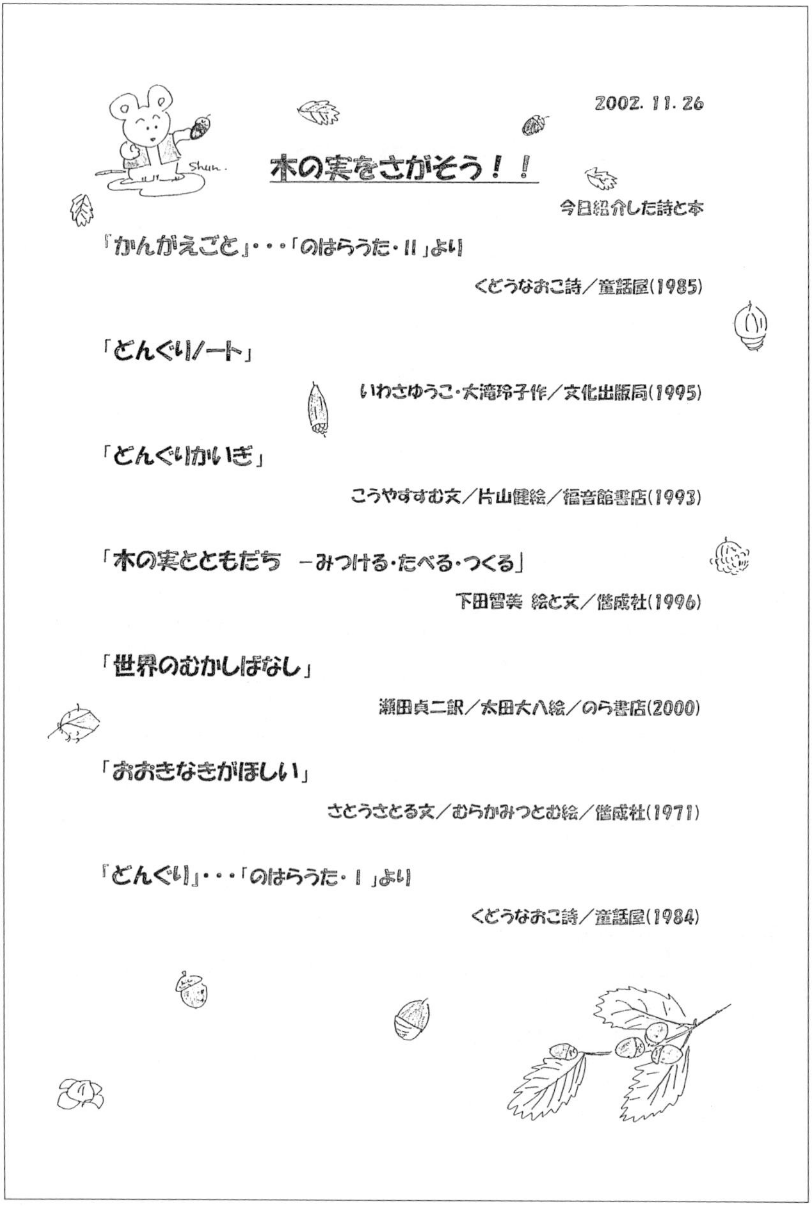

2002.11.26

木の実をさがそう！！

今日紹介した詩と本

『かんがえごと』・・・「のはらうた・Ⅱ」より
　　　　　　　　　　　　　くどうなおこ詩／童話屋(1985)

「どんぐりノート」
　　　　　　いわさゆうこ・大滝玲子作／文化出版局(1995)

「どんぐりかいぎ」
　　　　　　こうやすすむ文／片山健絵／福音館書店(1993)

「木の実とともだち　-みつける・たべる・つくる」
　　　　　　　　　　下田智美 絵と文／偕成社(1996)

「世界のむかしばなし」
　　　　　　瀬田貞二訳／太田大八絵／のら書店(2000)

「おおきなきがほしい」
　　　　　さとうさとる文／むらかみつとむ絵／偕成社(1971)

『どんぐり』・・・「のはらうた・Ⅰ」より
　　　　　　　　　　　　　くどうなおこ詩／童話屋(1984)

3-7図　ブックトークのプログラム例（配布資料）

第3章　児童図書館サービス

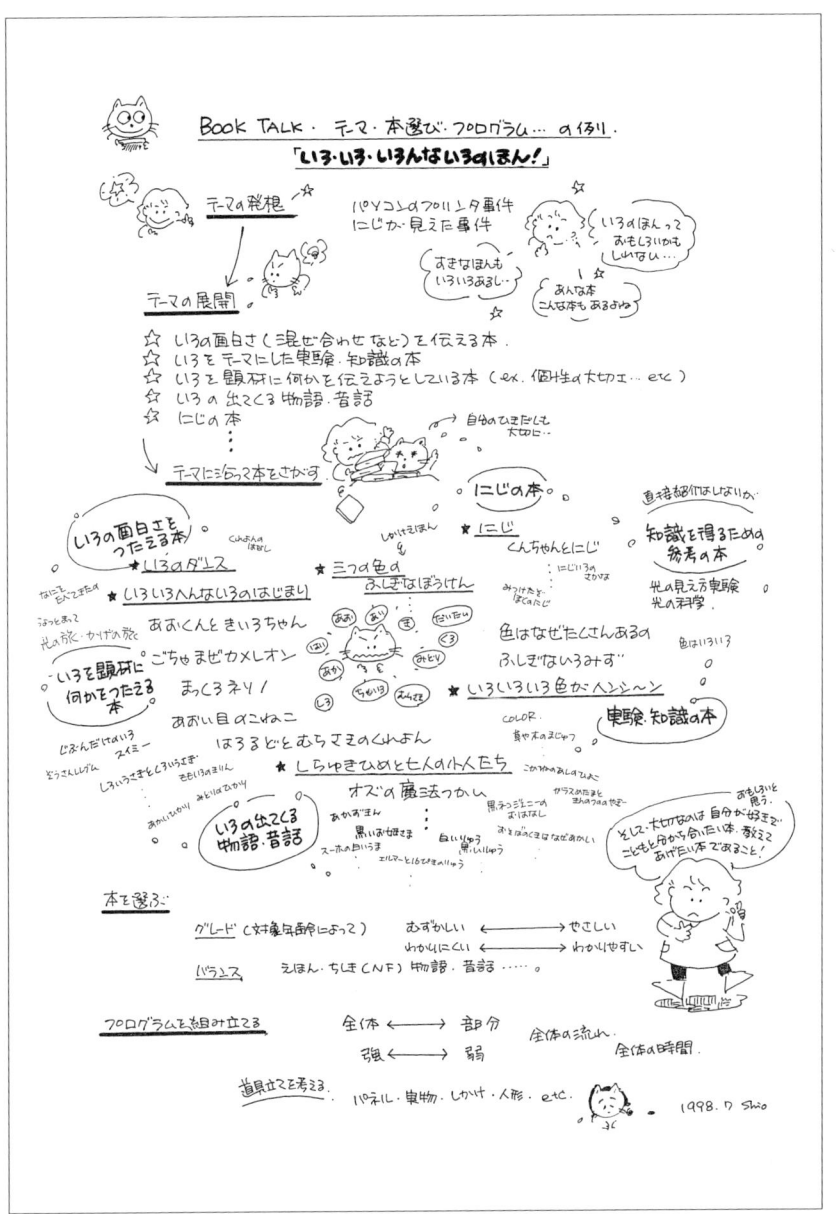

3-8図　ブックトーク　テーマの展開とプログラムの組み方

3-9図　テーマごとの「展示」の例

b．展　示（display）

　図書館で行う本の展示は，図書館が新しく所蔵した本を知らせるための展示と，あるテーマに本を結びつけて子どもの興味と関心を起こさせ，蔵書の範囲と多様さを知らせる展示とがある。

　新着本の展示は，新着棚に排架されて貸し出されてしまうので，図書そのものは書架にないことが多い。そこでジャケットやケースを活用する。掲示板や壁にジャケットを貼り出し，ケースは本を並べるように置くだけで簡単な展示ができる。また，それぞれに短い紹介文をつけておけば，子どもの興味をひき，予約，貸出に結びついていく。新しい本が入るたびに展示も取り替えていく。

　ひとつのテーマによる展示は，まず，テーマを決めなければならない。テーマは，季節や行事などにかかわるものが多くなるので，一年の各月ごとに図書館の暦を作っておくとよい。これにときどき，子どもの興味をひきそうなトピックスを組みこんでいく。テーマが決まれば，子どもの関心を呼ぶキャッチフレーズを考えて表象化する。

　展示する本の冊数は，テーマと展示スペースによって決まるが，できるだけ広く考えて，テーマに関連する本を紹介する方がよい。年齢的にも，本の難易

度にも留意して,できるだけ多くの子どもの興味を引くように本を選ぶ。

展示は,本格的な展示ケース,閲覧机などのテーブル,書架などが考えられる。展示の目的,本の性格,種類などにより,物理的な条件を最大限に活かして,効果的で魅力的な展示をする。

c. 図書リスト (book list)

図書リストは,子どもと本を結び付ける有効な方法である。子どもの読書意欲を刺激し,読書案内の手引きとなる。図書リストを編さんすることが児童図書館員の子ども本に対する知識をふやす。リストの累積は,読書案内のツール (tool) ともなる。ブックトークや展示にも添えられるのが望ましい。

(1) 図書リストの種類

① 新着図書リスト……新しく入ってきた本を紹介するための新着案内として編集される。館報や広報紙に載せられるのが普通であるが,子ども向きには,書誌事項だけでなく,短い紹介文をつけることが望ましい。

② 主題別図書リスト……展示やブックトークに使う場合は,テーマに即したリストになるが,リストだけ独自に編集する場合は,できるだけ多くの子どもが興味をもつように,広く子どもの関心を呼ぶテーマを選んだ方がよい。

「巨人」「魔女」「冒険」「お料理」などのような一般的テーマで,子どもの読書の領域を広げるものが望ましい。

(2) 図書リストの内容

① 収録範囲……収録する冊数,児童室にあるものだけにするのか,最近のものだけにするのか,テーマだけにしぼるのか,テーマの周辺にある本まで含めるのか,などを決める必要がある。テーマによっては,子どもが利用できる一般書まで広げなければならない場合も出てくる。

本はできるだけ新しいものがよいが,文学作品は例外で,新旧に関係なく,すぐれた,読ませたいと思う本を選ぶべきである。情報や知識を提供する本では,内容が古くては役に立たないので,できるだけ最新のものにすべきである。

テーマに即した本を中核にした上で,読書の幅を広げるためには,テーマを発展させた本まで紹介できるとよい。

②　対象……ブックトークの場合と同じように，図書リストにも，一般的な読者対象を明示した方が親切である。

　③　本の書誌事項，所在……書誌事項は，図書リストには必要不可欠なものである。所在を知るためには所在記号が必要であるが，自治体内の図書館で共通に作成する場合は必ずしも同じ所在記号とは限らないので，分類程度の明示となろう。

（7）　図書館でのお話し会

a．図書館でのお話し会の意義

　図書館の児童サービスの第一の目的は「子どもと本を結び付ける」ことである。お話し会は，その本の世界の素晴らしさと豊かさを子どもたちに直接伝え，それから先の読書・本の世界への入り口ともなりうる児童サービスの柱である。また絵本やおはなしを子どもと分かち合う時間をもつこと，図書館員が直接自分の声で子どもに語りかけるという経験により，子どもと図書館員との間に自然に親密さや信頼関係が生まれる。この子どもとの信頼関係こそ児童サービスを豊かに展開させる重要な要素である。

b．企画と運営

　1）　図書館サービスの中での位置づけと子どもの把握　　既に述べたように，お話し会は児童サービスの柱となるものだが，継続的・計画的な運営のためには，図書館全体としての協力体制，他の担当職員の理解を得ることが必要である。館が一体となってお話し会の運営をよい形で支えるように，その目的・意義について共通認識を培う意識をもつことも大切である。

　またそれぞれの図書館の実情に合ったお話し会の設定のために，対象となる子どもの現状を把握することを忘れてはならない。どんな年齢層の子どもたちが今，図書館を利用しどんなニーズがあるのかなどを知り，現状で提供しうるサービスをもう一度客観的に検討してみる。その上でさらによい形でお話し会を展開させていくために，どういう方向性や解決策があるのかを考える必要があるだろう。

2） 時間・場所などの設定　お話し会は日時を決め，定期的に行うことが望ましい。子どもに「お話し会は〇曜日の〇時から」という意識をもってもらうためにも必要なことである。お話し会が定期的に開かれることによって，その時間を核に子どもの図書館利用が広がることも多い。また子どもの生活の時間帯に合せて，なるべく参加しやすい曜日や時間を選ぶ。公共図書館のお話し会に参加する子どもたちは幼児から小学生までと，年齢の幅は広い。それぞれの発達段階で手渡すべき絵本やおはなしはやはり異なってくるため，なるべく年齢によって何回かに分けてお話し会を設定することをすすめる（例：幼児向け・〜小学校低学年向け・小学校中学年以上など）。細かく分けることによって担当職員の負担が大きくなることも予想されるが，小学校低学年・中学年を時間差で行う・隔週にする・赤ちゃんや幼児向けは月に一度保護者も一緒に参加してもらうように午前中に行う，などの工夫をして運営する方法も考えられる。

　できれば専用の「おはなしの部屋」が図書館の設計計画の段階から，必要な施設として設営されていることが望ましいが，それぞれの図書館の事情や物理的な制限はあるだろう。要は子どもと語り手が落ち着いておはなしや絵本を楽しむことのできる空間を作ればよいのである。広い部屋を使う時には空間を区切る，別室など離れた場所で行う時には子どもを上手に誘導する，時には戸外で「青空お話し会」をしてみるなど，視点を変えたり，柔軟な発想で工夫をすることで，その図書館独特の楽しいお話し会の場所を作りだすこともできるだろう。場の設定で特に注意したいのは照明と換気である。子どもがよく絵本の絵が見える明るさ，心地よく聞くことのできる環境に留意すること。

3）　Ｐ　Ｒ　お話し会の場所と時間が決まったら，ポスター・ちらし・図書館報・子ども室だよりなどで子どもや保護者などに知らせる。年齢によって回数や，時間帯を変えている場合には，それぞれの開催について周知徹底することが大切である。また地域内の学校・幼稚園・保育所など子どものいる施設にもポスターやちらしを持参して，図書館の活動を知らせることもこころがけたい。

c．お話し会の実際

1）**プログラムの立て方**　それぞれのお話し会の対象年齢によって，プログラムを組み立てる。

① 幼児向けの場合……絵本の読み聞かせや，紙芝居，手遊びやわらべうたなどを組み合わせ，無理のない長さの（20分程度）のプログラムを組む。パネルシアターや手ぶくろ人形などを小道具に用いて楽しい演出をするのもひとつの方法である。まだおはなしを耳で聞いて理解するのはむずかしい年齢なので，無理におはなしをする必要はないが，リズムのある繰り返しや積み重ねのおはなしなど小さい子でも楽しめるものを選んで語ることもできる。

② 小学校低学年向けの場合……絵本・おはなしなどを中心にプログラムを組むとよい。昔話を扱った紙芝居なども喜ばれる。手遊びやことば遊びの詩など，リズムの楽しい内容のものも組み入れたい要素である。

③ 小学校中学年〜の場合……かなり聞く力・理解する力のある子どもたちであることを意識し，ストーリーや構成がしっかりした絵本や，昔話絵本の読み聞かせ，グリムなどの昔話をおはなしで語るなど満足感の得られるお話し会を考える。ただし時間も長くなることが多いので，プログラムには強弱をつけて，息抜きのできる軽快な内容の絵本を間に置く工夫もしたい。お話し会の流れにそって，簡単なブックトークなどもすることができる。

2）**準備**　それぞれのお話し会が一期一会であることを肝に命じて，事前に準備と練習を十分に行っておくことは言うまでもない。実際の絵本の読み聞かせやおはなしの方法は本章の(4)，(5)を参考にされたい。また，お話し会での絵本を選ぶ場合は，複数の子どもたちに向けての読み聞かせであることを意識して，遠目のきく絵のはっきりしたものを選ぶとよい。また開きぐせをつける・絵本に対する照明の具合を点検するなど，子どもが絵本を見やすい条件を整えておくことも大切である。

3）**お話し会の時間のもち方**　お話し会の時間は，子どもが現実の世界からおはなしや絵本の世界に入って生きる時間である。子どもが十分に楽しむことができるように，お話し会の時間と場をもつ配慮をする必要がある。

おはなしの部屋に入ったら，それぞれの子どもが語り手や絵本をきちんと見られるように座らせ（会場整理），子どもの気持ちが落ち着くのを待ってゆっくりお話し会を始めるとよい。おはなしの世界に誘う小道具としてろうそくに灯をともして始めるのもひとつの方法である。

　お話し会を始めたら，少なくともそれぞれの絵本やおはなしが終わるまでは途中での子どもの出入りはさせない。おはなしや絵本を楽しんでいる子どもたちの気持ちがそがれることは極力避ける。このルールを「お話し会の約束」として日常から子どもと確認を取り，守ってもらうようにする。また誘導や途中で来る子どもの対応などを他の職員に協力を頼むことなども，お話し会をよい条件で行うために考慮したい要素である。

　プログラムが終わったら，きちんと絵本やおはなしを紹介し，ゆっくりと余韻を楽しむ形でお話し会を終えるように心がける。ろうそくを用いたときには，灯を消してお話し会を終える，という形にする。お話し会で用いた絵本やおは

3-10図　お話し会の記録

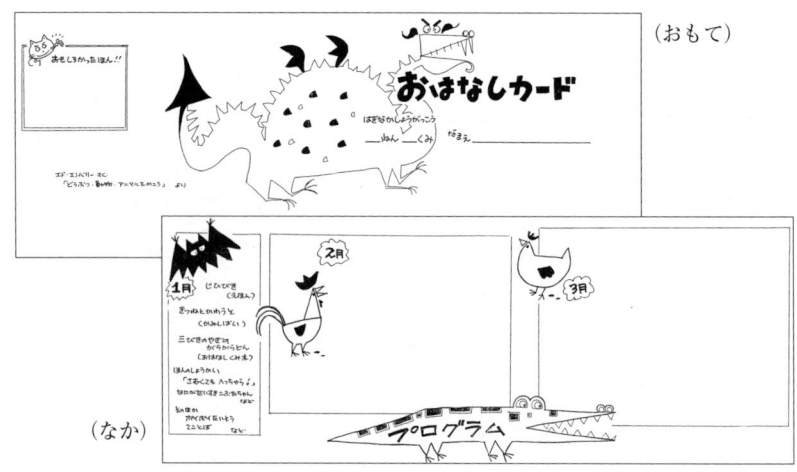

3-11図　毎月小学校で行うお話し会の「おはなしカード」
（子どもに自分で記入してもらう形）

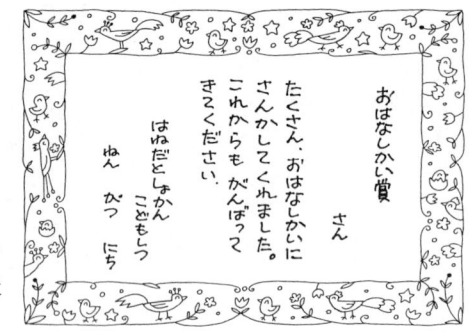

3-12図　お話し会にたくさん来て
　　　　くれた子どもに渡す賞状

なしの本はその場で貸出できるように，できれば複本でそろえておくとよい。

　4）　記録など　　お話し会の後には，記録をつける。プログラムの内容・担当者・参加人数・子どもの反応や語り手の感想などをきちんと残しておくことは，より効果的なお話し会の参考資料にもなる。また図書館の児童サービスの実績の記録としても有効である。

　もちろん「お話し会の楽しさ」はそれだけで十分子どもを引き付ける力があるが，「図書館は楽しいところ」「面白いところ」と，子どもにＰＲできるよう

な楽しい工夫をし，お話し会に参加したくなるような企画も考えたい。

(8) 学校を対象としたお話し会

a．意義と効果

　図書館での定例のお話し会のほかに，地域内の小・中学校などを対象としたお話し会もサービスのひとつとして存在する。図書館員が学校に出向いてお話し会をする，また学級招待の形で図書館に来た生徒にお話し会をするなどの形がある。通常1クラスあるいは学年を単位にお話し会を開催する。普段図書館に来ない子どもたちにもおはなしや絵本の楽しさ，本の魅力を伝えるよい機会であり，図書館の存在やサービス内容のＰＲや，生徒や先生と図書館員とのコミュニケーションをつくることにつながる。また，このような設定の場合は，対象の年齢と人数があらかじめ決まっているため，図書館でそれを考慮したプログラムをきちんと組むことができ，より効果的に子どもの発達段階に合った絵本やおはなしを伝えることができる。

　「子どもの読書活動の推進に関する法律」の制定や，総合的な学習の始まりなどの動きの中，学校側も図書館にさまざまな形で連携や協力を求めてくる事例が増えている。図書館と学校がよい形でつながる効果的なひとつの方法として大切にとらえたいサービスである。

　また，中学校に対するお話し会などは小学校にくらべると，事例はまだ少ないが，積極的に取り組むべき課題である。活字離れや読書離れが問題視され，「朝の10分間読書」などの活動も各学校で進んでいる。この「朝読書」の時間にお話し会をして欲しいという要望に応え，図書館員が出かけていって読み聞かせやおはなしをするという実践例もある（埼玉県三好町立図書館）。

　ヤングアダルトと呼ばれるこの世代の子どもたちと，図書館員がどうコミュニケーションをとり人間関係を作るかということは，ヤングアダルト・サービスの展開にとっても重要な鍵である。（第4章-3．を参照のこと）中学校を対象としたお話し会の開催は，そのひとつの方法としても有効であろう。

b．お話し会の実際

　お話し会を開催するにあたっては担任や担当の先生，司書教諭と事前に確認を取り，会場や時間の設定，内容について詳細に打ち合わせをしておく。特に学校でお話し会を行う場合には，場所の設営など図書館には把握しづらい点が多いので，当日のスムーズな進行のためにも必要である。

　一回の人数は1クラスから2クラスまでと考える。それ以上になると，本の絵が見えなかったり声が届かなかったりと，子どもがお話し会を十分に楽しむことができなくなってしまう。

　学校では授業時間を単位に一日の時間割が決まっているため，この一校時（45分）内に余裕をもって終わることができる長さのプログラムを組む。プログラムの内容は，絵本・おはなし・ブックトークなどそれぞれの学年に合わせた内容で考える。

　その日紹介する本やおはなしのリストをあらかじめ作成し，お話し会の終了後，生徒に配る（図書館で借りることができるように，分類や書誌事項はきちんと記入されたものを用意すること。また，図書館できちんと貸出できるように本の確保の配慮も必要である）。また，団体貸出のような形で紹介した本を，そのまま学校においてくるのもひとつの方法である。

　通常のお話し会や行事と同様，お話し会の記録（プログラムの内容・担当者・参加人数・子どもや先生の反応や語り手の感想など）をつけ，以降のサービスの参考などにすることをこころがける。

(9)　読書会，子ども会

a．読　書　会

　読書会は，本来，個人的な営みである読書を，集団の営みとするもので，ある程度，読書体験を積んだ子どもたちのために行われる活動である。

　読書は個人的なものだけに，個人のもつ諸条件に左右され，その範囲にとじこめられてしまうおそれもある。可能性を限りなくもつ子どもたちに，個人の弱さや，能力不足，自己にはない新しい世界を知らせ，補うはたらきをするの

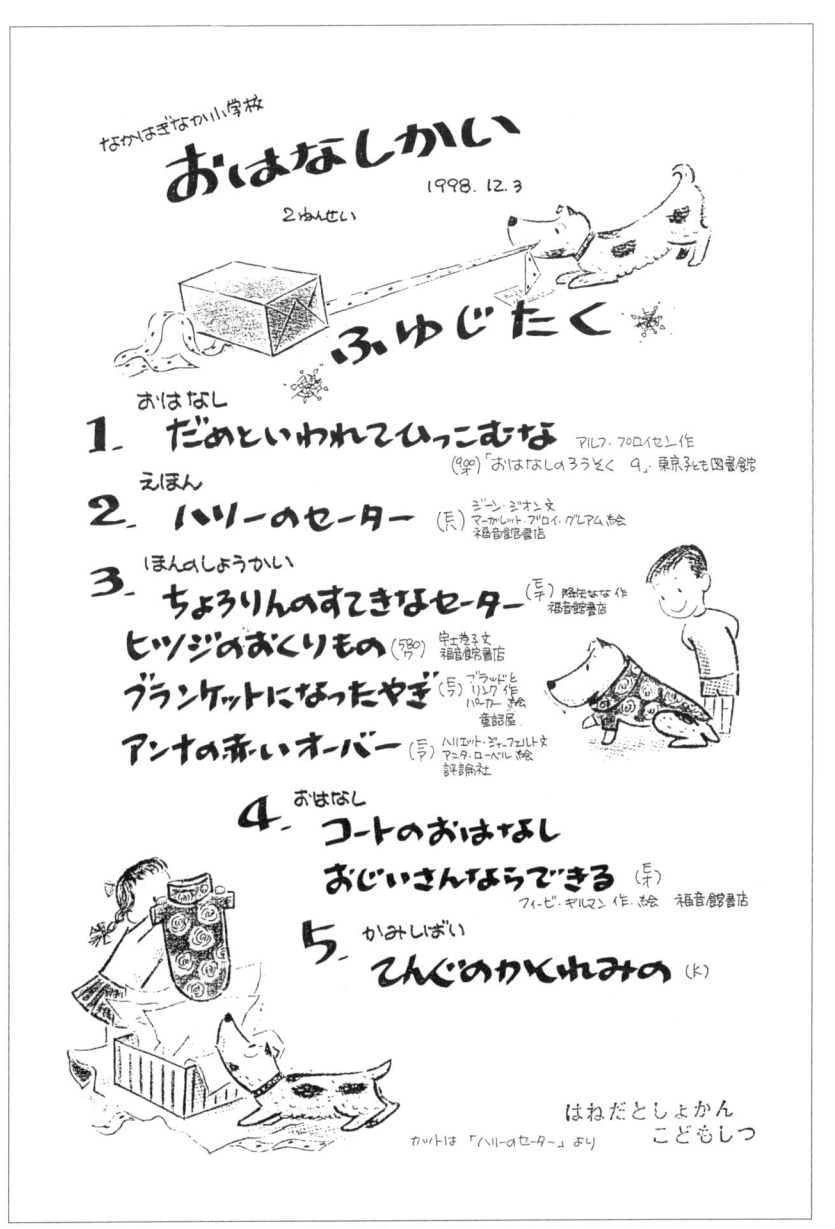

3-13図　小学校2年生を対象としたお話し会の例

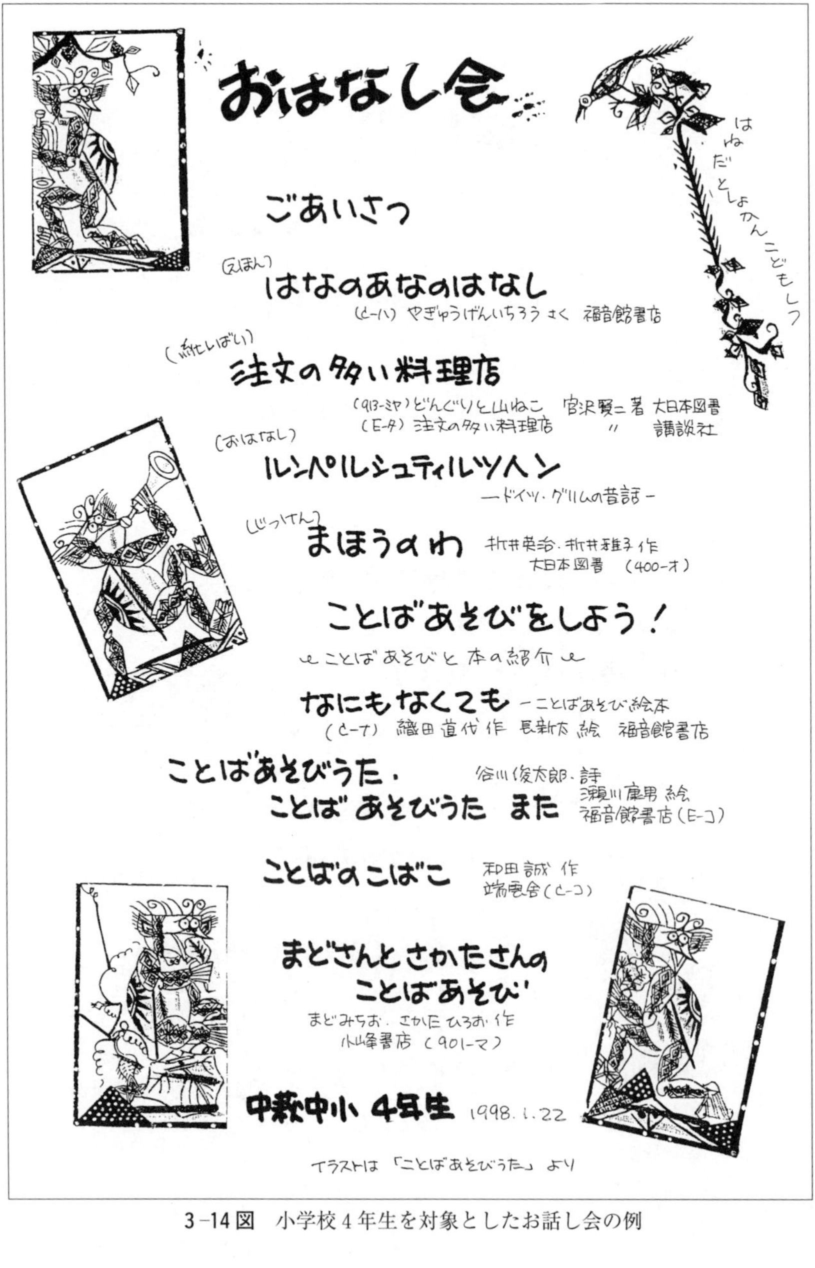

おはなし会

はねだとしょかんこどもしつ

ごあいさつ

（えほん）
はなのあなのはなし
（と-ハ）やぎゅうげんいちろう さく 福音館書店

（かみしばい）
注文の多い料理店
（913-ミヤ）どんぐりと山ねこ　宮沢賢二 著　大日本図書
（E-タ）注文の多い料理店　　〃　　講談社

（おはなし）
ルンペルシュティルツヘン
―ドイツ・グリムの昔話―

（じっけん）
まほうのわ
折井英治．折井雅子 作
大日本図書（400-オ）

ことばあそびをしよう！

～ことばあそびと本の紹介～

なにもなくても ―ことばあそび絵本
（C-7）織田道代 作　長新太 絵　福音館書店

ことばあそびうた．
ことばあそびうた　また
谷川俊太郎 詩
瀬川康男 絵
福音館書店（E-コ）

ことばのこばこ
和田誠 作
瑞雲舎（C-コ）

まどさんとさかたさんの
ことばあそび
まどみちお．さかたひろお 作
小峰書店（901-マ）

中萩中小 4年生　1998.1.22

イラストは「ことばあそびうた」より

3-14図　小学校4年生を対象としたお話し会の例

第3章　児童図書館サービス

3-15図　小学校5年生・6年生を対象としたお話し会の例

が，集団による読書であり，読書会の意義もそこにある。自分の読書を客観化する機会ともなる。

読書会では，読書から得たものをまとめて意見を発表し，ときには記録してまとめる。読書を，本を読むことから発展させて，話すこと，書くことという自己表現の場を形成することが，そして子どもどうしの相互作用が，子どもの読書を大きく伸ばすことになる。

(1) 読書会の形式

① 輪読会……参加者が同じ本やプリントを使って，順次に区切って回し読みする方法である。この方法は，読書体験の少ない低学年向きであり，事前に読んでおかなくてもよいので，開催しやすいし，参加しやすい。しかし，本を読むのは読書会の時だけであり，テキストも長いのは使えない。あくまで初心者向きである。

② テキスト読書会……参加者が同一の本をあらかじめ読んできて，考えをまとめて話し合うので，討議内容が充実する。本の内容を問題として深めていくので，必ず本を読んで参加することが条件になる。テキストも複数が必要になる。ある程度，子どもの読書能力がそろっていないと会の進行がうまくいかない。

③ テーマ読書会……ひとつのテーマのもとに，参加者がそれぞれ読んできた本で，その内容や感想を発表し，その発表についてみんなで話し合うやり方である。これは，使う本が参加者まかせなので，同じ本を多く用意する必要はない。

読んだ結果を他人の前で発表し，質疑を受けるので，読書を深めることができる。また，他人の発表を聞くことで独善的な読みが修正され，読んでいない本についても知ることができる。

司会者は，参加者の読んできた本が異なるために，発表者の発表をまとめ，本の内容を参加者全員が理解できるようにしなければならない。

④ 親子読書会……親子読書会は，子どもとおとなで子どもの本を読んで話し合う形である。世代を超えて意見や感想が交わされ，子どもにはおとなの考

え方や経験が知らされ，また，おとなは子どもの考え方や感じ方を知ることができる。文庫活動ではこの親子読書会がよく行われる。

(2) 読書会の開き方

定期的に開けるのであれば，月1回程度が望ましいが，日常業務が優先になるので，時間がとれない時は，読書週間，春休み，夏休みなど，季節に対応させて図書館行事として組み込むのがよい。1回の時間は，1時間から1時間半ぐらいが適当である。

司会者を子どもにする場合は，図書館員が助言者の立場で参加し，司会者を助けて，参加した子どもの意見を引き出させるようにする。読書会の結論は不要だが，司会者なり助言者が，討議をはっきり印象づけるためにまとめることが必要である。

読書会の記録をとる。できれば館報などに載せ，参加しなかった子どもにも内容が知らされれば，より多くの子どもの読書を深めることになる。

b．子ども会

図書館で行う子ども会は，地域社会の子どもを対象に，子どもの読書の動機づけと活性化をはかるための集会活動である。図書館のPRと健全なレクリエーションの提供を行う。図書館員にとっては，子どもとの接触によって子どもを知り，遊びを通じて親密な信頼関係をつくることができる。

映画会，見学会，人形劇の会，工作会，科学遊びの会など，さまざまな形がある。いかなる場合でも，図書館や読書との結び付きを忘れてはならない。

(10) 広 報 活 動

子どもたちに，児童図書館の存在と役割を知らせるとともに，利用者側の意見を聞き，相互の信頼関係をつくり出し，児童図書館の目的を達成できるような状況をつくっていくことが広報活動である。

図書館で行われている子ども向けの広報活動としては，子ども新聞や利用案内のためのリーフレットの発行などが考えられる。

a．子ども新聞

　児童図書館の仕事や利用方法を知らせ，新着図書案内，行事案内，子どもたちの感想文などで，子どもたちに読書への興味を起こさせる。子どもどうしの情報交換の場ともなり，速報性のある記録資料として意義をもつ。

　子どもに，読もうという気を起こさせるために，文章だけでなく，絵や写真，本のさし絵なども入れる。紙の色を変えるなどの工夫も必要である。

　手書きで作る壁新聞が簡単であるが，配布できない。図書館に来ない子どもの目にもとまるためには，地域の幼稚園，保育所，小学校，児童館，文庫などに配布する方がよいので，手書きであってもコピー機器を活用して自館で印刷

3-16図　子どもの図書館案内（例）

するなど工夫したい。

　編集上で留意することは，図書館からの一方通行にならないように，子どもを企画に参加させたり，子どもの作品を取り入れるようにする。

b． 利用案内など

　図書館では，図書館の施設，設備，資料，利用方法などを盛りこんだパンフレットを作成している。新館開館の際に配布したり，見学のための来館者を案内したり，新しい利用者に渡したりするのに用いられる。

　休館日，行事の案内，利用の変更などの通知のために作られるのは，大体リーフレット形式のものが多い。児童図書館の場合は，相手が子ども中心になるので，それだけ適切な配慮が必要となる。

第4章　ヤングアダルト・サービス

1．ヤングアダルト・サービスの意義

（1）青少年サービスからヤングアダルト・サービスへ

　日本の公共図書館が，従来の青少年サービスからヤングアダルト・サービスへ，名実ともに変革をめざして取り組み始めたのは，1980年代の当初である。
　青少年サービスは，明治期以来，児童・青少年という枠組みの中で行われてきた。青少年には，受験生，学生，勤労青少年が含まれており，1960年代の初め頃までは，図書館利用者の大半がこれら青少年で占められていた。彼らは図書館資料を利用するより，閲覧席の利用が中心であった。
　多忙な一般社会人にとって，図書館は何時行っても，並ばないと入れないという固定観念が定着しており，身近で気軽に利用できる施設ではなかった。
　1963（昭和38）年,『中小都市における公共図書館の運営』（以下「中小レポート」）が日本図書館協会から刊行された。このレポートを指針として図書館活動が展開されるようになると，座席利用ではなく，資料の利用と貸出を中心に据えるようになった。資料は閉架から開架へ，定員制入館はフリー入館へと変化していった。これらの経過の中で，青少年が最大の顧客だった図書館は，一般社会人がいつでも利用できる，開かれた図書館へと変貌していった。あえて言うならば，公共図書館は，座席利用を中心とする青少年を歓迎しなくなったのである。
　生涯にわたる図書館利用は，児童，青少年，成人のどの時期も重要である。それにもかかわらず，児童サービスについても図書館界の共通認識の確立は遅れた。1970（昭和45）年『市民の図書館』（日本図書館協会）で，図書館界が第二

次世界大戦後すぐに児童サービスに重点を置いていれば，公共図書館はもっと発展していたであろうと，痛烈に告発しているほどである。それ以後，児童サービスを基本に据えて，子どもの図書館利用，読書環境は整備されてきた。しかし子どもたちが，児童期から青年前期へと成長していく過程で，受験戦争に勝つための学習塾通い，テレビ，ゲームソフトなどメディアの多様化の影響などにより，活字離れ，読書離れが顕著になってきた。席貸しを排除しようとする図書館で，彼らは居場所を失っていった。

　もはや子どもではない，そうかといっておとなではないティーンエイジャー，従来「青少年」と呼ばれてきたこの世代に対して，ヤングアダルト・サービスの先進国アメリカに学び，魅力的なサービスを展開しようと取り組み，1980(昭和55)年に名実ともにヤングアダルト・コーナーを設置したのが，東京都立江東図書館（1986年10月から江東区立）であった。

　日本図書館協会では，1979(昭和54)年に児童青少年委員会を設置した。1981(昭和56)年から児童図書館員養成講座を開始し，翌年に『日本の図書館』の付帯調査に「青少年（ヤング・アダルト）サービスに関する調査」を実施した。この時点では，青少年にカッコ付きでヤングアダルトとなっている。この時期の図書館界の認識はまちまちで，児童サービスと混同した回答が見られた。1983(昭和58)年の全国図書館大会の，児童青少年への奉仕分科会で，初めてヤングアダルト・サービスが取り上げられた。

　10年後の1992(平成4)年，関西を中心としたメンバーで構成されたヤング・アダルト・サービス研究会が，同じく『日本の図書館』の付帯調査で「公立図書館におけるヤング・アダルト（青少年）サービス実態調査」を行った。このタイトルの"ヤング・アダルト（青少年）"が10年前と逆転しているところに，日本の公共図書館の意識の変化を見ることができよう。報告書は翌年3月，日本図書館協会から刊行された。

　さらに10年後の2002(平成14)年に日本図書館協会児童青少年委員会と大阪市立大学学術情報総合センター図書館情報学部門が，『日本の図書館』の付帯調査で「公立図書館ヤングアダルト・サービス実態調査」を行った。『同報告』は

翌年 3 月に刊行された。この報告に基づき，日本の公立図書館のヤングアダルト・サービスの現状を述べる。

○実施状況

ヤングアダルト・サービスを実施しているのは，1,031 館で回答館数 2,530 館の 40.8％にあたる。10 年前の 1992 年度調査では，460 館で回答館数 1,792 館の 25.7％であった。比較すると館数で 571 館増で，2.24 倍にあたる。

○概　要

ヤングアダルトの対象年齢は「12 歳から 18 歳（中学・高校生）」440 館（42.7％）が最も多い。次いで「10 歳から 18 歳（小学校高学年から高校生）」256 館（24.8％）である。

ヤングアダルト・サービスの位置づけは「児童サービスと成人サービスの中間」74.7％（770 館）が多く，ついで「児童サービス」18.5％（191 館）である。

サービスの内容は，18 項目の設問中上位 3 回答をあげると，

① お勧め本や新着リストなどの作成と配布………342 件（14.4％）
② 宿題やレポートなどの援助…………………………328 件（13.8％）
③ ヤングアダルト一日図書館員……………………208 件（8.8％）

である。その他については 4 - 1 表を参照。

サービスの取り組み状況としては，「前年度同様」770 館（74.7％）で，「拡大」と回答したのが 169 館（16.4％）である。

ヤングアダルト・サービスに対する情報要求は，9 項目の設問中上位 3 回答をあげると次のようになる。

① ヤングアダルト向け資料の種類とその選書方法………650 件（25.8％）
② 他館のヤングアダルト・サービスの状況………………484 件（19.2％）
③ ヤングアダルト・コーナーの設営と運営方法…………381 件（15.1％）

○職　員

ヤングアダルト担当職員がいる館が 528 館（51.2％）で，10 年前の調査では 211 館（46.3％）なので，317 館増で，2.5 倍になる。しかしその内訳をみると，担当職員は他の業務との兼任者が 466 館（86.0％）で，専任者のいる館は 10 館

第4章 ヤングアダルト・サービス

4-1表 ヤングアダルト・サービスの内容

No.	項 目	回答数（件数）	割 合（%）
1	ブックリスト	91	3.8
2	お勧め本や新着リスト	342	14.4
3	会報の作成と配布	132	5.6
4	ブックトーク	52	2.2
5	展示会	154	6.5
6	講演会	38	1.6
7	読書会	15	0.6
8	映画会	52	2.2
9	コンサート	13	0.5
10	お茶会	12	0.5
11	落書きノート	106	4.5
12	掲示板	171	7.2
13	投書箱	100	4.2
14	図書館の見学ツアー	66	2.8
15	宿題援助	328	13.8
16	一日図書館員	208	8.8
17	図書館ボランティア	118	5.0
18	その他	275	11.6
19	無回答	96	4.1
	計	2,369	100.0

(1.8%) にしかすぎない。

○ **コーナー**

独立したヤングアダルト・コーナーが「ある」のが683館（66.2%）で，10年前の95館（22.2%）から588館増であり，7.2倍になる。

○ **資 料**

ヤングアダルト向け図書が「ある」1,009館（97.9%）で，蔵書冊数は「500冊未満」188館（18.3%）が最も多い。次いで「500から1,000未満」172館（16.8%），「1,000から2,000未満」164館（16.0%），「2,000から3,000未満」124館（12.1%）である。

ヤングアダルト向け雑誌が「ある」782館（75.8%）で，タイトル数で多かったのは「1～5タイトル」498館（62.8%）である。

○ **予 算**

ヤングアダルト向け資料費が「ある」135館（13.1%）で，「ない」887館（86.0%）である。金額は「200,000円から300,000円未満」21館（18.6%）「100,000円から200,000円未満」17館（15.0%）が多く，最低額は2,000円，最高額は3,405,000円で，1,000,000円以上の資料費をもつ館は19館（16.8%）ある。

○学校・学校図書館との連携・協力

地域の学校・学校図書館との連携・協力が「ある」745館（72.3%）で，「ない」281館（27.3%）である。

対象としては，「中学生」630件（45.8%）が最も多く，次いで「小学校5〜6年生」393件（28.6%），「高校生」250件（18.2%）である。

連携・協力の具体的内容は，10項目の設問中，上位回答は「資料の貸出（団体貸出）」531件（28.8%），「図書館の団体見学」312件（16.9%），「宿題やレポートなどの内容についての情報交換」204件（11.1%）であった。

○情報基盤

インターネットに接続可能な端末が「ある」318館（30.8%），「ない」709館（68.8%）である。台数は1台が183館（56.8%），2台が67館（20.8%）である。10台以上という館が8館ある。

成人利用者とヤングアダルト利用者で，端末利用の条件に「相違がない」が299館（92.9%）で大多数であった。

フィルタリング・ソフトウェアの有無については，「全ての端末に導入している」178館（55.3%）が最も多い。「一部の端末に導入している」のが21館（6.5%）である。「全ての端末に導入していない」94館（29.2%）であるが，「フィルタリング・ソフトは導入していないが，職員カウンターや通路に面するように端末を設置することにより制限になるようにしている」と付記する図書館も多数あった。

ヤングアダルト・サービスを実施していない図書館で，2年以内に実施予定が19館，今後検討する館が339館，検討していない館が1,053館である。

実施していない理由は4-2表のとおりである。

4-2表　ヤングアダルト・サービス未実施の理由

No.	項　目	回答数（件数）	割　合（％）
1	職員数に余裕がない	919	25.4
2	対応できる担当者がいない	256	7.1
3	対象資料がわからない	142	3.9
4	スペースに余裕がない	1,117	30.9
5	予算に余裕がない	799	22.1
6	利用が見込めない	85	2.4
7	必要性が感じられない	141	3.9
8	以前行っていたが中止した	26	0.7
9	その他	121	3.3
10	無回答	9	0.2
	計	3,615	100.0

（2）　アメリカの場合

1）　概　略　　日本の公共図書館におけるヤングアダルト・サービスは，先進国であるアメリカに学ぶところが多いので，井上靖代の論文[1]から引用して概略を紹介する。

　公共図書館における「ヤング・アダルト・サービス」がはっきりと，専任担当者を配置して行われたのは，1920年代のニューヨーク市立図書館が最初であろう。そのあと，イノック・プラット図書館やクリーブランド図書館で実施されている。初期の頃のサービスは，もっぱら学校や学校図書館への援助活動であった。これは現在でも脈々と行われている。もともとアメリカの公共図書館は学校区図書館や児童図書館がその出発点のひとつとなっていたのだから，この「ヤング・アダルト・サービス」は公共図書館活動の基本にもどったといえるだろう。

　公共図書館におけるヤング・アダルト・サービスは，1920年代に児童図書館員の草

---

[1]　井上靖代：ヤング・アダルト・サービスの視点　ヤング・アダルト・サービス　児童図書館研究会　1996

分け的存在であったアン・キャロリン・ムーアに見いだされ，イノック・プラット図書館へスカウトされてきたメイベル・ウィリアムズとアメリア・ハワード・モンソンらによって，学校への援助をその主たる活動内容とした Office of Work in Schools の担当図書館員として活動をおこなったのが最初であろう。

ただこの時期の「ヤング・アダルト・サービス」は若者にすすめる「良い」本のブックリストを作成することに重点をおいていたため，大恐慌や第一次世界大戦といった，変化する社会のなかでの若者の要求をつかみきれず失敗している。サービス対象者，図書館利用者である若者の要求を中心にすえて，具体的なヤング・アダルト・サービス実施の条件やその方法などを明確化したのは，1960年代以降である。

1960年代以降のヤングアダルト・サービスについては，同じく井上靖代の論文[1]に述べられている。要約すると，

アメリカ図書館協会は「公共図書館におけるヤングアダルト・サービス指針」(*Young Adult Services in the Public Library*) を1960年に出版した。この冊子あたりからヤングアダルトという表現が定着してきたようである。この指針は，ヤングアダルト・サービスは成人サービスの一環として捉える必要がある。生涯学習利用者としてヤングアダルト・サービスの対象者を考えなければならない。児童部門，成人部門とは独立したコーナー，部屋，フロア，建物があることが望ましい。これは専任の担当者を配置することを意味する。学校との協力，図書館員の学校訪問や学校・学級の図書館訪問なども大切である。予算は成人向け予算の15～25%をヤングアダルト向けにすることが望ましいとしている。担当者の研修方法，蔵書構成，プログラム，マスコミの利用，勤労青少年やドロップアウトなども配慮するように示唆している。

1970年代以降のサービスは，資料構成，プログラムの企画・実施の悩みをかかえながら，一方では，資料に対するさまざまな団体からの攻撃にさらされ，耐えなければならないという，二重の責め苦を負っている。

1987年にアメリカ教育省が実施した調査によれば，公共図書館利用者のうち，4人に1人はヤングアダルト（12～18歳）である。調査した図書館のうち84%

---

1) 井上靖代：アメリカにおけるヤング・アダルト・サービスの変遷　京都外国語大学研究論叢　41号　1993

がコーナーを有し，そのうち74％はよく利用されていると回答している。担当者は，全国の公共図書館のうち11％に専任がいるにすぎない。専任の担当者がいる図書館ではヤングアダルトがよく利用している。専任のいない図書館では成人担当が兼務している場合が多い。

　子どもからおとなへの過渡期にある若者たちに図書館は何ができるのか。これが，アメリカのヤングアダルト・サービスが，過去も，そしてなお現在も追い求めている課題であろう。

　2) ヤングアダルトの定義・性格・用語　ヤングアダルト図書館サービス協会は，「ヤングアダルトに対する図書館指針」(*Directions for library services to young adults*, 2nd ed.) を1993年にアメリカ図書館協会から刊行した。これによると，

　　ヤングアダルトを12歳から18歳までの人びとと定義している。他の呼び名では，adolescents, kids, teenagers, teens, youth, young people と呼ばれる。
　　ヤングアダルトは，自分自身をもはや子どもではないと思っているのに，社会からはおとなとしてはみてもらえない利用者である。彼らは急激な社会的，身体的，情緒的な変化の途上にある。多くは"危機"に直面している。矛盾だらけである。周囲の世界に鋭敏である一方，同時にひどく自己反省的であり自己中心的である。彼らは誰にも負けないと思う一方で，ひどく不安である。両親から自由になりたいと願った瞬間に，すぐに両親やおとなの指導を求めている。ティーンエイジャーは，最終的には，子どもからおとなへと変身を遂げなければならない。そして以下のことを達成するように努めなければならない。すなわち，(1) 感情的，社会的，知的成熟，(2) 家族からの自立，(3) 責任ある性行動，(4) 職業，(5) 自己アイデンティティー，(6) 倫理観あるいは人生哲学，である。青春期は身体的な変化に始まり，文化教養面において変化を遂げる。思春期は青春期の出発であり，文化基準がおとなへの入口である。(中多訳)

次いで，**管理運営**：方針，職員，予算，評価。**インフォメーション・サービス**：ニーズ，宿題，インフォメーション，読者援助。**蔵書構成**：計画，図書館資料。**プログラム**：設備，広報。**ヤングアダルトの参加**。**協力とネットワーク**：学校，他の青少年サービス機関。**情報へのアクセス**。**結論**。**参考文献**。について記されている。

2. ヤングアダルト・サービスのためのガイドライン

　世界図書館連盟（IFLA）は1996年北京大会で，「ヤングアダルトに対する図書館サービスのためのガイドライン」(Guidelines for library Services for young adults) を発表した。あらゆる館種の図書館員，図書館行政の担当者と決定権者，図書館学校の専門教員と学生を対象としたガイドラインである。縦長の小冊子で，本文は10頁，5章から構成されている。
　その概略を英語文から訳して紹介する。
　まず冒頭で，ヤングアダルト・サービスがすべての国で確立しているわけではないが，この年代層が他の年代層と同質のサービスを受ける権利を有すること，あらゆる図書館が，基本的なサービスのひとつとして，ヤングアダルト・サービスを始めるべきだとしている。
　使命と目標：　「ユネスコ公共図書館宣言」(UNESCO Public Library Manifesto 1994) と「読者憲章」(Charter for the Reader, International Book Committee and International Publishing Association 1992) を引用し，子ども時代からおとなへとスムーズに変身を遂げるために，図書館は知的，情緒的，社会的発達を育て，社会問題を判断する力を与えてくれる環境と共に，資料へのアクセスができるようにすることが重要な力となりうる。
　ヤングアダルト・サービスの目標：○児童サービスから成人サービスへの過渡期のサービス。○図書館と読書推進を通して生涯学習を励ます。○情報入手と楽しみのための生涯読書を動機づける。○情報リテラシーの技術を促進する。○地域社会のすべてのヤングアダルトの，教育，情報，文化，レジャーのニーズに応じられるように，図書館の蔵書とサービスを提供する。
　ガイドラインの目標：　これらのガイドラインは，訓練中と，未経験のヤングアダルト・サービス担当職員に，示唆として役立つように，国際的見地に立った考え方のリストである。
　次いで第2章では，対象グループの定義，ニーズ，資料，サービスとプログ

ラムについて述べている。

対象グループの定義： 子どもとおとなの間の年齢層グループと定義する。人種，信条，文化的背景，知的，身体的能力にかかわらず，すべての人を含む。

対象グループのニーズ： 多文化ニーズの尊重。図書館資料，サービス，プログラム，施設設備にこのニーズが反映される必要がある。ヤングアダルト・サービスを図書館員だけで計画するのではなく，対象グループの代表者を加えて企画することが重要である。図書館が伝統的に提供してきたものとは異なったものを実現していくには，ヤングアダルトを尊重し，よろこんで受容しなければならない。

図書館資料： ヤングアダルトの多岐にわたるニーズを資料に反映させなければならない。障害者や，社会的にも言語上でも少数者であるヤングも含むすべてのグループのために，資料を所蔵しなければならない。情報，教育，レジャー，レクリエーション，多文化，多言語の資料である。

　資料の内容，形態は利用者の多様を認め，コミック，恋愛物語，シリーズ物，流行のポピュラーミュージックなどを提供する。

　蔵書は次のような資料から構成される。

印刷物： 本，雑誌，クリッピングやパンフレット，ポスター。

非印刷資料： オーディオカセット，CD，マルチメディア（CD-ROM，CDI），コンピュータ・ソフト，ビデオ，ボードとゲーム・ソフト，地域内・国内・国際的なコンピュータネットワークへのアクセス。

　図書館は必要な機器類，例えば，コンピュータ，ビデオ，ヘッドホンなどを整備しなければならない。

サービスとプログラム： サービスとプログラムの目標は，地域社会のヤングアダルトのニーズ変化に適応することである。

　ヤングアダルトのニーズのアセスメントは，各図書館の責任である。サービスやプログラムを計画する段階からヤングアダルトをまき込んでいくことが必要である。

　ヤングアダルトのためのスペースは，児童スペースからは離れたところにお

き，彼らの好みを反映した設備を整える。

　図書館はヤングアダルトの特別なニーズに応えるために，訓練され，やる気のある図書館員を配置すべきである。

〔推せんできるサービス事例〕
- レファレンスとインフォメーションの提供（宿題の手助けも含む）
- 図書館見学の案内
- 識字能力と情報技術（印刷物および電子資料）の訓練
- 読者相談サービスの提供（個人，集団ともに）
- あらゆる形態の蔵書利用を励ますこと
- 外部の蔵書への照会や，相互貸借が容易に利用できるようにすること
- ヤングアダルト・サービスに対する社会の認識を広めていくこと
- 地域社会の他の情報サービス機関との連携
- 特別なグループ（障害者，10代の親たち，刑務所や病院）に対してサービスを提供すること

〔推せんできるプログラム事例〕
- ブックトーク
- ストーリーテリング
- 討論グループやクラブ
- 特別な主題（健康，性，職業，最近の出版物）に関する情報プログラム
- 有名人訪問（作家，スポーツ人）
- パフォーマンス（音楽，芸術，演劇）
- 地域社会にある施設やグループと連携してプログラムを実施する
- ヤングアダルトの作品（演劇，出版，テレビ，ビデオや雑誌）
- 研究集会

　第3章では，他機関との連携，文化的ネットワーク，教育的ネットワーク，社会的ネットワークについて取り上げている。

　他機関との連携：　ヤングアダルト・サービスの充実には，地域社会の専門機関，またはボランティア機関と良好な連携をもつことが大切である。多くの

図書館員はヤングアダルトの利益を専門的にコーディネートするための知識やノウハウを持っている。

文化的ネットワーク： 多文化社会での自己確立に焦点を合わせることが効果的である。プログラムも他の文化機関やヤングアダルトと共に計画する。

〔**例として**〕
- 文学フェスティバル
- 音楽と映画のフェスティバル
- おまつり
- 民族劇の製作
- 写真展
- 舞踊パフォーマンス
- 街頭での舞踊

教育的ネットワーク： 学校はヤングアダルト・サービスを行う公共図書館にとって，最も重要な協力者である。

学校図書館と公共図書館が協力している計画は，ヤングアダルトのニーズや興味により適切にマッチする。公式に同意をして，協力の計画実行を確実にすすめていく。図書館のある教育機関と，公共，学校図書館はコンピュータによる相互貸借ネットワークを形成する。大学，工業学校，美術学校，障害者のヤングアダルトのための学校，刑務所内や病院内学校などである。

教育機関との協力は，相互貸借，研修や利用者教育のプログラム，読書推進のキャンペーン，情報リテラシーのためのプログラム，文化的プログラムなどである。

学校図書館のない教育機関に対しては，図書館がアウトリーチ・サービスをして，学生に図書館利用教育を行い，図書館システムでより自立的に勉強できるようにする。

社会的ネットワーク： 図書館は自治体機関と協力するように試みる。例えば，社会機関，職業安定所，福祉事務所，法律執行官庁など。

新しい傾向，社会問題について情報を得るためには，専門家，ボランティア，

両親，図書館友の会と連携していかなければならない。
　図書館員は図書館内部でよく活動できるように自分で模索しなければならない。図書館は地域との協力において，異なったパートナーたちとも協力しなければならない。
　第4章では，ヤングアダルト・サービスを行うための計画，担当者としての望ましい資質，ヤングアダルト・サービス担当者の教育と訓練，サービス計画，サービス評価について述べている。
　計画：　図書館は次のような方法で，ヤングアダルト・サービスの実施を進めていかなければならない。
- 全図書館員に対して積極的態度を奨励すること
- ヤングアダルトのために，資料源，情報源へのアクセスを提供する方針，他人の権利と図書館資料を尊重すること，知的自由，ひとしく適切なサービスを提供することを含んだ方針声明を制定すること
- ヤングアダルト・サービスのためのスペースを用意すること
- ヤングアダルト・サービスの最も効果的方法として，サービスに責任をもつ専任者を指名すること

担当者としての望ましい資質：
- ヤングアダルトを理解し尊重すること
- 印刷資料，非印刷資料ともに資料について知識があること
- 蔵書と地域資料に通じていること
- 学習意欲があること
- 変化を受入れ，導入することに柔軟であること
- あらゆる適切な情報源から，情報サービスを提供できること
- ヤングアダルトの代弁者であること

ヤングアダルト・サービス担当職員の教育と訓練：
- 基礎的な図書館実務
- 印刷資料，非印刷資料の評価と選択
- ヤングアダルトの発達特長

- 情報に関する方針と出版
- 情報提供の印刷物と電子的方法

サービス計画：
- 蔵書管理方針を作成すること
- 地域社会のヤングアダルトのニーズに最も合致するサービス・プログラムをヤングアダルトと共に計画すること
- 優先すべき目標をたて，予算を組むこと
- ヤングアダルトのためのプログラムのために資金（募金）調達に着手すること
- 評価基準を発展させること

サービスの評価： ヤングアダルト・サービスの評価は，その効果について質的，量的な両面を含めなければならない。統計は一般サービスと同様に行われるべきである。

〔ヤングアダルトによる図書館利用の尺度の例〕
- ヤングアダルト人口に占める図書館利用者の比率
- ヤングアダルトに利用される建物
- 登録率
- ヤングアダルトのための項目数
- 館内での資料利用数
- ヤングアダルトに対するレファレンス・サービス
- インフォメーション処理の回答率
- ヤングアダルトのプログラムへの平均的な出席数
- 外部のグループの図書館訪問
- 図書館員の外部グループへの訪問
- プログラムやサービスの成功例

評価は図書館サービスの市場調査に良い規準を提供する。ヤングアダルトが何を望んでいるかは，アンケート調査と面接調査で行う。

第5章は市場調査について述べている。

ヤングアダルトに図書館の新しい特別なサービスの存在について知らせるためには，
- ヤングアダルトが，出会ったり，たむろしたり，集まったりする所，たとえば映画館とか喫茶店で情報を与えるようにする。
- ヤングアダルトのボランティアに，デザインに協力してもらうことで，お知らせを魅力的にする。

ヤングアダルトの興味に焦点をあてる。
- 図書館員が彼らに来てもらいたい，滞在して欲しい，もどってきてもらいたいと思っていることを明らかにすること。
- 図書館は生気にあふれていて，変化を歓迎していることを示すこと。
- 宣伝キャンペーンのために，成功まちがいなしのイベントに焦点をあてる。

サービスに満足した利用者が，他人に口コミで語ってくれるのが，一番である。

以上が「ヤングアダルトに対する図書館サービスのためのガイドライン」の概略である。重要な箇所はほとんど全訳に近いものになったが，世界共通のガイドラインとして，現在サービスを実施している館も，これから取り組もうとしている館も，よりどころとなる指針である。

3. サービスの実際

（1） ヤングアダルト・サービスの確認と位置づけ

成人と子どもの中間点にいるヤングアダルト層の読者（以下「ヤングアダルト」）は，自分ではすでにおとなであると思っているが，社会の中では未熟な存在であり，一方子どもの領域からははずれてしまっている。感受性にあふれ，また不安定な精神状態にある彼らは，まさにこれからの人生の目標や自己のアイデンティティの確立を模索しながら生きている。図書館は，単に読書の機会や調べ物のための資料を手渡すことにとどまらず，彼らが生きるための情報や，

人生の指針となるべき多彩なヒントを手渡し，バランスの取れた価値観と人格形成に貢献するサービスを提供し得る場として機能する。ヤングアダルトたちの独自性や多様性を理解し，彼らに合った読書環境を整備し，多様な資料や情報を手渡すこと，また彼らの「居場所」としての図書館の存在を考えることは，図書館の基本的なサービスのひとつとして位置づけられなければならない。

すでに本章の1.-（1）で言及されているように現在，各図書館ではヤングアダルト・サービスが数字上は大幅に発展している様子がみられるが，はたしてそれが本来の意味で効果的に機能しているものなのか，その内容を評価してみる必要がある。単に「ヤングアダルト対象」とされる資料を収集し，ヤングアダルト・コーナーを設置しただけでは真のヤングアダルト・サービスを実施しているとは言えないからである。

さらに図書館という組織の中で継続性や計画性をもったヤングアダルト・サービスの実践のために，奉仕計画の中でヤングアダルト・サービスの対象・基本方針・運営計画などを明文化し，その館や自治体の図書館全体の共通認識と理解を形成すること，また担当者をおき，予算を確保することも必要である。

（2） ヤングアダルト・サービスの展開

1） 利用者を知る——顕在的・潜在的利用者としてのヤングアダルトにアンテナをはること——

まずそれぞれの図書館の地域内でどんなヤングアダルトたちが存在し，どのような生活しているのかを把握する必要がある。特に地域に中学校・高等学校がある場合には先生・司書教諭・学校司書に話をきくことは貴重な情報を入手する効果的な方法である。また現在図書館を利用しているヤングアダルトたちがどんな利用者か，たとえば，幼児・小学校時代から図書館を利用している常連の子どもたちが成長した姿であるのか，たまたま一度だけ図書館に訪れた人であるのかなど，常に彼らに対してアンテナをはり，その行動を注意深く観察し，多くの情報を入手するようにこころがける。入手した生の情報を土台にしてこそ，それぞれの館の状況に適した活きたヤングアダルト・サービスを展開

することができる。

　2） **資料の収集と提供**——ヤングアダルトの求めている本・資料は多様であり，限定されない——

　子ども時代を通り過ぎ，一定の知識や経験をもったヤングアダルトたちは，それぞれが個性豊かに自らの興味や好奇心を発展させて生きている。そんな彼らの要求に応えるためには，幅広い分野・さまざまなレベルの本，多様な形態のメディアを収集し，提供することをこころがけなくてはならない。成長に必要な読書のための本，世の中の最新の知識や情報を提供する資料，学校の勉強や宿題のための資料，それぞれの趣味のための入門書から専門書，楽しみを与える娯楽中心の本まで取り揃えてこそ，ヤングアダルトのニーズに応える魅力のある書架を演出することができる。もちろんヤングアダルト・コーナーにおく資料の収集を考えることが核になるが，さらに視野を広げて図書館全体でヤングアダルト層に対応できる資料がどういう形で整っているかを検討することも重要な要素である。また提供する資料の組織化（分類）も，ヤングアダルトの利用を念頭において独自に行うことが望ましい。従来の図書館の分類にこだわらず，彼らの興味や好奇心に応じてグルーピングするなどの工夫が，彼らをひきつける活き活きした棚作りへとつながる。

　3） **場の設定と提供**——ヤングアダルト・コーナーは資料提供の場所にとどまらない——

　ヤングアダルト・コーナーを設置するということは，図書館から利用者であるヤングアダルトに「彼らの存在を認め，図書館での居場所を提供する」というメッセージを発信することである。ヤングアダルトたちにとって大切なのは，まず，図書館施設そのものが彼らにとって快適で魅力的であること，居心地のよい場所であり，物理的・心理的に図書館を身近に感じることなのだ。したがって，ヤングアダルト・コーナーは単に資料を提供するために本を並べた場所にとどまらず，多様なヤングアダルト・サービス展開の中心となる空間となるべきである。

　4） **コミュニケーションの確立**——ヤングアダルトと図書館員が信頼関係を

築くことが，ヤングアダルト・サービスを支える大きな柱となる——
　「自分勝手でうるさい」「群れて集団になると，ますます言うことを聞かない」「移り気で扱いにくい」などヤングアダルトに対する評価や周りの目は厳しいものが多い。しかし，これらはすべて彼らの年代に特有の性格であり，人はだれもが同じようにこの時代を通りすぎておとなになるのだ。一人ひとりのヤングアダルトの人格と立場を尊重し，彼らを理解する努力をし，大人と差別せず平等な視線で接することが，結果として彼らとの信頼関係を築くことにつながる。そうなれば，もはや彼らは図書館の「邪魔者」ではなく，「強力な利用者・支援者」となり得るだろう。このためには，一対一のきめ細かい対応が必要であり，正面から彼らに向かい合う図書館員の真剣な姿勢が重要である。
　ヤングアダルトたちは心の中ではコミュニケーションを求めている。また何かに参加したい，何かを自分でやってみたいという気持ちを強くもっている。この彼ら独特の要求をくみとって，ヤングアダルトを主体とした企画や，参加型の行事などを実施することも，ヤングアダルト・サービスでは欠かせない大切な要素である。

　5）学校・学校図書館との連携——中学校・高等学校にはヤングアダルトがいる——
　普段図書館に来ないヤングアダルト利用者を掘り起こすために，地域内の学校に図書館員が出かけていくこともまたヤングアダルト・サービスのひとつである。たとえば，授業の一コマや朝の10分間読書の時間などを利用して，ブックトークを行ったり，図書館のPRをしたりすることなどは，ヤングアダルトである彼らに図書館の存在を伝え，利用のきっかけを作る効果的な方法であろう。また総合的な学習が始まったことにより，図書館での資料の利用指導や，職場体験学習などを学校側が図書館に依頼する事例も増えている。学校との連携は，ヤングアダルト・サービスをさらに大きく展開させる重要な要素である。

　(3) ヤングアダルト・サービスの実践例

　現在，それぞれの状況に応じて積極的にヤングアダルト・サービスを展開し

ている多くの図書館が存在するが，ここでは，参考として東京都東村山市のティーンズサービス（ヤングアダルト・サービス）の一部を紹介する。

① サービスの位置づけ

まず市立図書館（6館）全体として共通のサービスを行うために基本方針（基本方針・コーナーの運営・資料の収集など）を明文化し，図書館業務の中に位置づけている。サービスの対象は中学・高校生を中心とした10代の市民とし，全館にコーナーを設置し担当者をおいている。

② ティーンズ図書の分類

ティーンズコーナーの資料は利用者であるティーンズの視点に合わせて独自

4-3表　ティーンズ図書の分類例

ティーンズコーナーの本は，独自にテーマ別分類をしています。請求記号とは別に 0 ～ 29 の欄番号のシールを本の背に貼り番号順に並べています。

欄番号		欄番号	
0	参考書・調べもの	15	動物・ペット
1	学校・進路	16	グッズ
2	仕事・資格	17	ファッション
3	生活情報	18	手芸・クラフト・ホビー
4	悩み・生き方	19	料理
5	読書案内	20	アニメ・まんが・イラスト
6	国語	21	音楽・楽譜
7	外国語	22	アーティスト
8	歴史	23	TV・映画・舞台
9	社会科学	24	スポーツ
10	民俗・伝説	25	運転免許・バイク
11	自然科学	26	ゲーム
12	コンピュータ・電子機器	27	絵本
13	ガイドブック	28	その他（ディズニーファン）
14	おもしろ本	29	ボランティア

第 4 章　ヤングアダルト・サービス

にテーマ分類をし，配架している。（4-3 表）

③　ティーンズ主体の企画「EXPO 新聞」の作成（4-2 図），イラストコーナーの運営，「ティーンズノート」の実施など，ティーンズを主体とし，彼らの自主性に任せた企画を実施している。2003（平成15）年現在，ティーンズノートは 300 冊を超えている。このノートからティーンズ同士のコミュニケーションが生まれ，ノート利用のマナーの確認も自然にノートの中でやりとりされている。

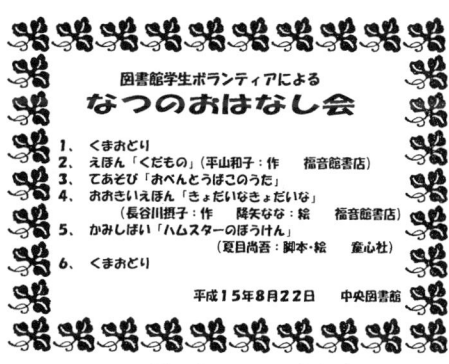

4-1 図　なつのおはなし会

④　学生ボランティアとお話し会

社会体験と居場所作りの場として，「図書館学生ボランティア」を募集。2003 年夏にはティーンズ主体の新しい企画としてボランティア主催の「なつのおはなし会」も実施している（4-1 図）。

4−2図 ティーンズによる「EXPO新聞」

第4章 ヤングアダルト・サービス

第5章　子どものいる施設等との連携・協力

　2001(平成13)年12月,「子どもの読書活動の推進に関する法律」が公布された。これは子どもの読書にかかわるあらゆる施設・団体・個人が子どもの読書環境を豊かに広げ,すべての子どもに読書の喜びを伝える運動をすることを定めた法律である。子どもと本を結ぶことを仕事の中心にすえている図書館こそ,この活動の中心的な存在として,地域の関連諸施設との効果的な連携を築くことに積極的にかかわっていかなければならない。

　また,関連諸施設との連携・協力は,図書館を利用している子どもだけでなく,地域に存在する潜在的な利用者である子どもを発見し,より多くの子どもが図書館利用をするきっかけを作ること,さらに将来の一般の利用者を育てることにもつながる。

1. 学校・学校図書館との連携・協力

　子どもが家庭から出て,一日のほとんどの時間をすごす場所は学校である。したがって,学校図書館は子どもにとって最も身近な図書館であり,子どもの読書に大きな影響を与える場となる。

　現在,学習指導要領の改正による平成14年度からの「総合的な学習」の開始や,学校図書館法の改正による平成15年度からの司書教諭の配置などにより,学校図書館の役割や存在意義は大きく変化し,学校図書館への期待や要望はますます大きなものとなっている。しかし,学校図書館の施設や蔵書を見ると,まだまだ整備がされていない点も多く,図書館としての機能を十分に果たすまでに至っていない学校図書館が大多数であるのが現状である。このような学校図書館に対し,公共図書館が資料的・人的な支援を行い,双方が連携・協力して子どもの読書環境をより豊かなものにしていく必要がある。

また，学校図書館と公共図書館がそれぞれの立場と役割を自覚し，良好な協力関係を築くことは，公共図書館に対する子どもの理解や信頼を深めることにもつながる。普段図書館に来ない子どもたちに対して図書館員がPRをし，図書館利用への働きかけをすること，また図書館では知りえない彼らの読書傾向や生活を知ることなどは，学校図書館との連携をとおして得られるものである。

「学校図書館情報化・活性化推進モデル事業」の動き等と公共図書館

　地域の公共図書館と学校図書館がお互いの真の連携を果たすためには，制度化されたネットワークの形成や，サービス提供の基本ラインの策定などが必要である。現在各地では，自治体の関連施設がネットワークを組み，読書センター，学習・情報センターとしての学校図書館の機能を支援・強化する事業が展開され，「総合的な学習」の開始に伴う学校図書館からの新たな要望にも効果的な対応をしている。

　その一例として，埼玉県さいたま市立図書館で1998(平成10)年に図書館内に開設された「学校図書館支援センター」を紹介する（5-1図）。さいたま市立図書館ではこのセンターを窓口として市内の小・中学校および高等学校に対してさまざまな支援を行っている。主な業務内容は，次のとおりである。

① 学校図書館向資料の収集及び団体貸出
② レファレンス・所蔵調査
③ 印刷物の発行「情報提供」
④ 学校対象図書の頒布会
⑤ 図書館業務に関する質問・相談
⑥ 学校訪問・図書館招待の実施（ブックトーク・オリエンテーション・参考図書の利用法指導・職場体験学習等）
⑦ 学校図書館司書研修協力

　また，団体貸出に関しては，学校ごとに担当図書館を定め，申し込みや利用の方法について細かい規則を定め，明文化したものを図書館のホームページ上に公開している。

144

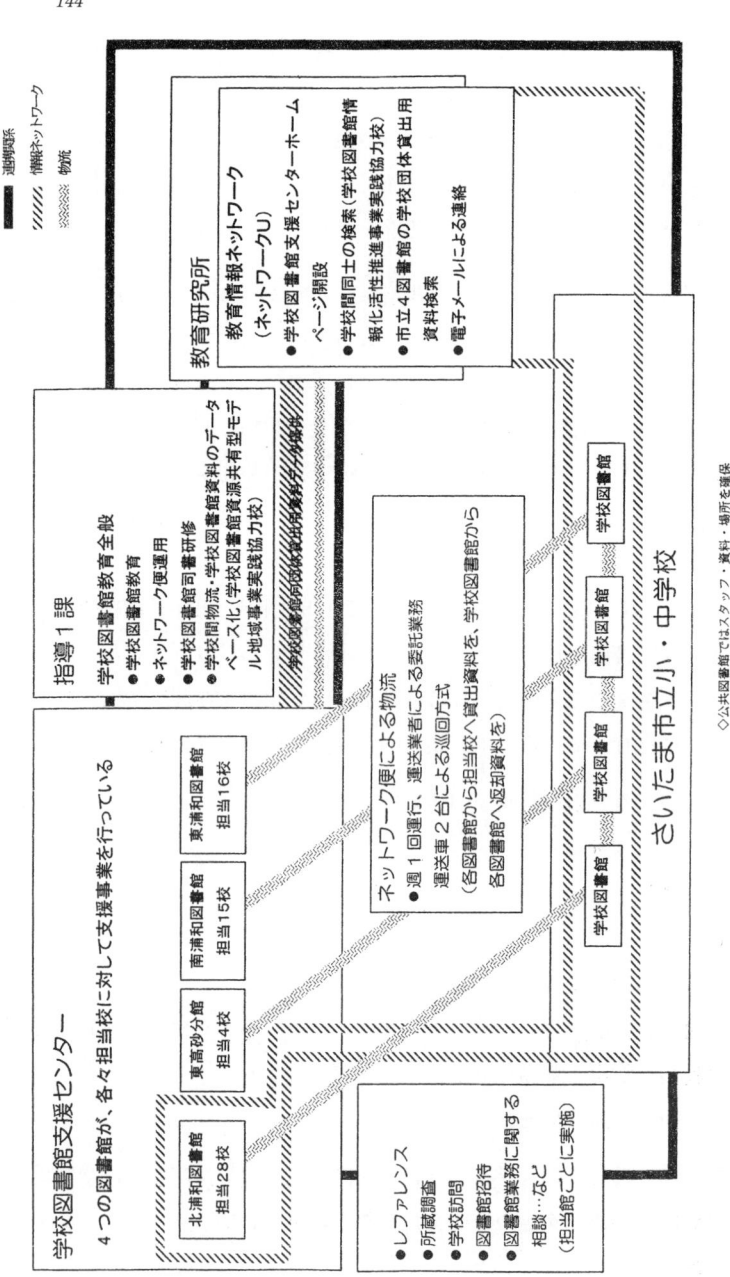

```
―――― 連携関係
////// 情報ネットワーク
░░░░░░ 物流
```

学校図書館支援センター

4つの図書館が、各々担当校に対して支援事業を行っている

東高砂分館	南浦和図書館	東浦和図書館
担当4校	担当15校	担当16校

北浦和図書館
担当28校

指導1課

学校図書館教育全般
● 学校図書館教育
● ネットワーク便運用
● 学校図書館司書研修
● 学校間物流・学校図書館資料のデータベース化・学校図書館資源共有型モデル地域事業実践協力校

学校図書館所在校確認出発点事業の実践開始

教育研究所

教育情報ネットワーク
（ネットワークU）
● ページ開設
● 学校図書館支援センターホームページ開設
● 学校間同士の検索（学校実践協力校）
● 報告活性化推進事業の学校実践協力校
● 市立4図書館の学校団体貸出用資料検索
● 電子メールによる連絡

ネットワーク便による物流

週1回運行、運送業者による委託業務
運送車2台による巡回方式
（各図書館から担当校へ貸出資料を、学校図書館から各図書館へ返却資料を）

● レファレンス
● 所蔵調査
● 学校訪問
● 図書館招待
● 図書館業務に関する相談…など
（担当館ごとに実施）

さいたま市立小・中学校

学校図書館　学校図書館　学校図書館　学校図書館

◇公共図書館ではスタッフ：資料・場所を確保
◇関係機関のネットワーク：指導1課ー教育研究所ー学校図書館ー公共図書館　いつでも連絡を取り合い調整できる
◇人のネットワーク：指導主事ー図書主任（今後は司書教諭）ー学校図書館司書ー公共図書館司書
◇相互理解・共通認識の形成：説明会・研修・委員会などの開催
◇物流のネットワーク便　　　◇情報ネットワーク：コンピュータネットワーク

5-1図　さいたま市（浦和エリア）における公共図書館と学校図書館のネットワーク
（出典：学校図書館支援センターご案内）

この他にも千葉県市川市が教育センターを事務局として運営している「公共図書館と学校とのネットワーク事業」，東京都調布市の「総合的な学習」「調べ学習」のための資料収集・学校貸出専用の倉庫の設置・「調べ学習連絡表」の全学校への配布，同じく東京都東村山市の多彩な「総合的な学習」支援事業など，積極的にサービスに取り組んでいる図書館の事業内容には学ぶところが多い。
　また，国際子ども図書館でも，子どもの読書活動の推進に関する法律を受け，子どもの読書活動の推進において重要な役割を果たす学校図書館を支援することを目的とし，「学校図書館等児童書貸出規則」を定め，2002(平成14)年11月より学校図書館などに対して児童書の貸出を開始している。

2. 幼稚園・保育所との連携・協力

　「読む読書」より早く，「聞く読書」によって子どもは本を出会い，読書経験が始まる。就学前の子どもたちがすごす場所である幼稚園や保育所[1]での絵本やおはなしと出会いは，それから先の子どもの読書に大きな影響を与え，より豊かな本の世界を子どもに伝える入り口となる。
　もちろんそれぞれの施設において独自に本を購入・所蔵し，幼稚園教諭や保育士が園児に読み聞かせをすることが日常の活動として行われるべきだが，図書館員が園に出向いてお話し会をしたり，図書館で子どもたちに定期的におはなしをするプログラムを組んだりすることを図書館の仕事として位置づける必要がある。幼稚園・保育所の時代に集団で図書館を利用したり，図書館員にお話し会をしてもらった経験は，子どもの図書館との出会いの第一歩として効果的であるし，また後の図書館利用や図書館員との信頼関係を築くことにつながるからである。
　さらに，園児たちの読書環境をより豊かなものにするために，幼稚園教諭や保育士と連絡をとりあって協力体制を作ることもこころがけなければならない。

---

　1)　「保育所」は法律上の用語であり，保育所として認可された施設の名称として保育園，保育所，幼児園等が使われている。(日本保育協会HP　http://www.nippo.or.jp/　H16.2.22最終アクセス)

具体的な連携・協力の方法としては，絵本の団体貸出など資料的な援助，保護者や先生に対して図書館員が本についてのアドバイスや，絵本読み聞かせの指導など，人的な援助が考えられる。

3. 保健所との連携・協力

　人が人として成長していくためには，「ことば」を獲得することが第一の条件である。乳幼児時代に「ことば」を豊かに伝える絵本の読み聞かせを体験することは，子どもの健やかな成長を助ける大きな力となる。そしてこの年代の子どもたちに読み聞かせをするのはまず両親であり，保育にかかわる人々である。乳幼児の定期健診などを行っている保健所を連携・協力の場とし，図書館員が乳幼児に絵本を手渡す保護者や保健師にさまざまな形での協力や支援をすることは，現在強く求められている少子化対策や子育て支援にもつながるサービスでもある。資料の提供や図書館利用のPR，さらに，手遊び・わらべうたなど日本独自の文化を伝えていくことも，乳幼児を対象としたサービスの要素としてとらえるべきであろう。

「ブックスタート」の運動と公共図書館

　ブックスタートは，2000(平成12)年の「子ども読書年」の継続事業として同年11月に始まった。0歳児検診に参加した赤ちゃんと保護者に会場の保健所(保健センター)で絵本やパンフレットの入った「ブックスタートパック」を配り，赤ちゃんと絵本を開く時間の大切さや楽しさを伝えていく運動である。2002(平成14)年1月に設立された「NPOブックスタート支援センター」(2004年2月に「特定非営利活動法人ブックスタート」に名称変更)がこの事業活動の主体となり，現在全国各地でさまざまな形で取り組まれ，関心が高まっている。

　この支援センターはブックスタートを，「読書推進活動」というよりはむしろ「赤ちゃんの心を健やかに育む運動」，「保護者の子育て支援運動」としての位置づけをしている。また市区町村単位の地域が実施主体となり，保健所(保健

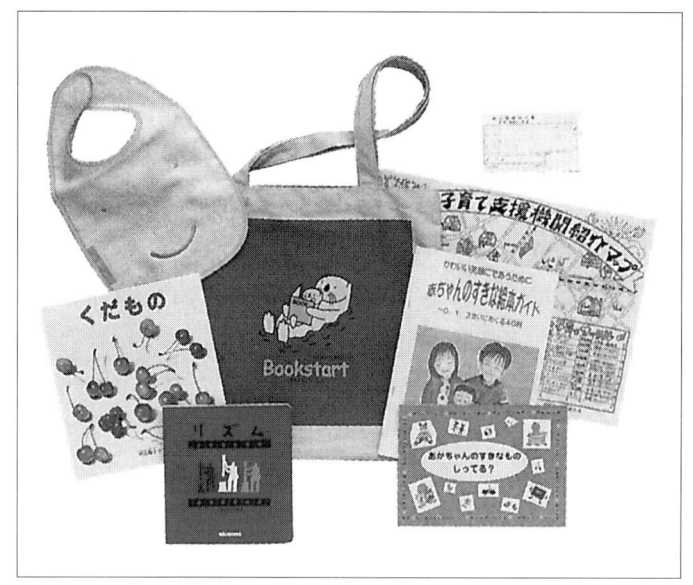

5-2図　ブックスタート・パック
（出典：NPOブックスタートのパンフレット）

師），図書館（図書館員），地域のボランティアなどが協力して行っている。

　地域に生まれた全ての赤ちゃんと保護者を対象としたこのブックスタート事業に図書館がどうかかわり，協力していくかは大きな課題である。ブックスタートパック企画への参加や，本選び，絵本リストやアドバイス集の作成など，ブックスタートを直接支援することも大切であるが，さらに図書館の利用案内，乳幼児を対象としたお話し会の実施，赤ちゃん絵本コーナーの充実など，図書館における乳幼児サービスの整備も，継続的なサービスとして考えなければならない。

4．文庫との連携・協力

　日本独特の読書施設である文庫は，もとは図書館が整備されずサービスが及ばない地域で，住民の自主的な活動が家庭文庫・地域文庫という形となって始

まったものである。方針・費用・構成人員・入会利用資格など，運営方法はさまざまであるが，共通しているのは，子どもに読書の楽しさを知らせ，子どもと本を結び付けることを願う人たちの手で，地域の子どもたちに一冊一冊の本を手渡していくという活動内容である。個人の家庭の一室，地域の集会所，公共施設の一室などを活動の拠点とし，毎週決まった曜日に本の貸出，読み聞かせ，お話し会をするなど，文庫に関わる人たちの熱意とボランティア精神によって支えられている。また，熱心な文庫運営者の横のつながりの組織として文庫連絡会がつくられている地域もある。

現在もやはり，図書館がカバーできないサービスの空白部分を補う性格をもつ文庫もあれば，文庫特有の家庭的な雰囲気や密接な人間関係による，親しみやすいくつろげる場として，図書館とはまた異なった子どもと本の出会いの空間を提供している文庫もある。人間同士の結び付きが希薄になり，地域の中で子どもが育てられることの重要性が再認識されている現在，文庫の存在は子どもの読書に寄与する施設として大きな意味をもつ。

図書館は，この文庫の役割や存在意義を理解し，よりよい活動が展開できるような援助をしなくてはならない。双方がそれぞれの立場で子どもに向き合うことが，より豊かな子どもの読書環境を作りだし，子どもと本の出会いの場所を広げることにつながるからである。団体貸出による図書の提供，備品や消耗品の支給や貸与，助成金の支出など物質的援助や，運営にあたってのアドバイスや講座の開催など人的な援助が具体的な支援方法としてあげられる。

また文庫は，図書館では知ることのできない子どもの情報が得られる場であり，子どもの本に精通した人，おはなしや読み聞かせの達人と出会える場でもある。文庫とよい協力関係を結ぶことは，図書館員自身がこれらの豊かな情報や経験を文庫から学び，図書館の児童サービスの幅を広げることにもつながる。

5. 学童保育・児童館との連携・協力

おもに小学校の子どもたちが，放課後や夏休みなどの長期休暇中の時間をす

ごし，生活をする施設に学童保育の施設や児童館などがある。

　学童保育は，片親や共働きなどの理由で，放課後などに親が不在である留守家庭の小学校低学年児童を預かり，その危険防止と健全育成を目的とした保育を行う場である。核家族化，働く母親の増加，離婚率の上昇など，社会のさまざまな要因により，学童保育で子ども時代をすごす子どもの数は年々増加している。この学童保育事業は法制化されているものではない。公立・公社・民間委託・親の共同経営など運営の形態はさまざまである。働く職員も非常勤の指導員，保育士や教員の資格を有する者など，設置母体によって異なる。

　児童館は，来館する不特定多数の子どもたちを対象として「遊び場」を提供し，「遊び」を豊かに展開させることによって，子どもの健全な社会性の育成をめざす児童福祉法上の施設である。また保護者に対する子育て支援，地域の子育て力の育成をはかる事業もあわせて実施している。職員としては，子どもの遊びを指導する児童厚生員の配置が義務づけられている。

　読書や図書室は，それぞれの施設での活動のひとつとしてとらえられているが，手薄な人材や予算上の問題から，十分に機能しているとは言えないのが現状である。学童保育や児童館を，子ども時代の本の出会いの場のひとつとし，団体貸出や図書館員のお話し会の開催など，協力体制を整える必要がある。また，「遊び」を活動の柱としている児童館では科学遊びや，工作など，本との結びつきの中から生まれてくる「遊び」を紹介することも効果的な方法であろう。

6.　図書館利用に障害がある　　　　子どものいる施設との連携・協力

　どのような環境のもとにあろうと，人は本・読書の喜びを享受する権利をもっている。特に読書が人格形成と発達に大きな影響を与えることを考えると，本と出会う機会を全ての子どもに保障すること，平等に提供することは図書館の重要な責務である。ユネスコ公共図書館宣言では，「入院患者等に対して特別なサービスと資料が提供されるべきである」と明示されているが，図書館を利用

することに障害のある子ども，読書に対して特別な障害をもつ子どもに対しては，その子どもたちの能力や状況にみあった読書環境を用意することを考慮し，細心の配慮で個別に臨む必要がある。彼らにとって本との出会い・読書は健常児以上に心の糧となり，その成長を助ける大きな力と成り得るからである。

　具体的な協力・連携の場としては，長期入院している子どもたちのいる病院や小児病棟，身体的，精神的な障害をもつ子どもたちが通う盲学校・聾学校・養護学校があげられる。団体貸出や，図書館員が出向いていって行う読み聞かせ，お話し会など図書館が主体になって行う連携・協力や，これらの施設でボランティア活動を展開している人たちへの支援など，それぞれの状況にあった活動を考えることが大切である。

第6章　児童資料研究者に対するサービス

1．サービスの意義と現状，課題

　児童資料研究者に対するサービスとは，子どもの本，児童図書館サービスのあるべき姿や広く児童文化などを研究する市民に，資料や情報を提供して支援する公共図書館の活動である。学生，父母，教師，保育士，児童図書館員，文庫関係者，児童書編集者，絵本・児童文学作家など，その対象は多岐にわたる。児童文化を築いてきた先人たちの活躍を振り返り，次の時代を担う子どもたちのために新しい文化，児童出版物を生みだしてもらう原動力を側面からバックアップする児童図書館員の使命といっても過言ではない。

　最近の中規模以上の図書館では，子ども専用の児童室に付設するかたちで児童資料を研究する社会人，学生のための資料室，コーナーが多く見られるようになった。特記すべきことは，2002(平成14)年5月に全面開館した国際子ども図書館の出現であろう。由緒ある，歴史的建造物の国立国会図書館支部上野図書館を改装し，設立されたわが国初の国立の児童書の専門図書館である。順調なスタートをきったことは，児童文化，児童文学研究者にとって大きな福音となろう。

　しかしながら，一方では厳しい現実も直視しなければならない。歴史と伝統を誇り，都民ばかりでなくすべての人々に親しまれてきた東京都立日比谷図書館児童資料室が，都心から遠く離れた都立多摩図書館へ移転してしまった事である。1973(昭和48)年10月，装いを新たにオープンした日比谷図書館児童資料室，こども室は児童資料研究者らの大きな期待をもって迎えられ，大きな実績を積み重ねていった。ところが，開室から29年後の2002(平成14)年4月，日比谷図書館耐震工事終了後，都財政悪化の影響を受けて，先に述べたような事

態となった。資料費削減，リストラによる組織改正が影響した。12万冊の蔵書とともに児童青少年係として，児童資料の研究調査援助機能は引き継がれたが，子どもへの直接貸出は停止された。

　日比谷図書館ばかりでなく，ここ数年，府県立図書館の改築が進むなかで，児童への直接サービス廃止に伴う児童室の切り捨てが危惧されている。都道府県立図書館の機能見直しとともに児童サービスを市区立図書館へ安易に転嫁し，児童書の収集を止めてしまう傾向もみられ，図書館行政当局に改善を望む声も高まっている。このような地方自治体の措置は，「子どもの読書活動の推進に関する法律」の理念に反するともいえよう。児童書もなく，ベテランの児童図書館員もいない図書館での児童資料研究者に対するサービスの提供は，不可能である。

　『公立図書館児童サービス実態調査報告　1999』（日本図書館協会児童青少年委員会編　同協会刊　2000）によると，「児童資料を利用する大人へのサービス」の項目で，都道府県立図書館の場合，児童資料利用のおとなの部屋（コーナー）のある館が57館中28館（49.1％），ない館が29館（50.9％）という結果がでており，さびしいかぎりである。

　都道府県立の大規模図書館の，このような貧弱な実態がある一方で，千葉県浦安市立中央図書館のように，児童サービスに特に力を注いでいる中規模の図書館でも児童資料研究のためのコーナーを設置しており，県立図書館や政令指定都市立図書館だけに限られた活動ではない。

　児童資料研究者のための専門図書館としては，(財)大阪国際児童文学館，(財)東京子ども図書館などがある。前者は存続の危機に，一時瀕した事があったが，後者の東京子ども図書館は，児童室，研究資料室をもち，各種の講習会や出版など幅広い活動を行っているユニークな図書館である。小規模ながら独立したモダンなビルを建設し，全国のファンの支援を力に着実な活動を展開している。

　海外では，ミュンヘンの国際児童図書館，トロント公共図書館の分館，リリアン・H・スミス図書館などが広く知られている。とりわけ前者は，第二次世界大戦後，子どもの本をとおして国際理解と世界平和を願って1948年に設立さ

れ，以来，世界各国の児童図書の研究者や児童図書館員に対し，サービスを行っている。

（1） 児童資料室の運営方針・業務内容

児童資料室（コーナー）の運営方針は，図書館の規模，地域の特性と図書館に課せられた役割，機能によりさまざまであるが，毎年の事業執行計画やスタッフマニュアルによって明確にされなければならない。一般的には子ども室と一体となった方針が決められよう。ここでは，これまで述べてきた児童資料室の機能を例に，旧日比谷図書館児童資料係の運営方針・内容を多少手直しして記してみたい。

(1) 運営方針
　① 学生，父母，教師，児童図書館員，出版関係者，その他を含めた研究者を対象に調査研究資料を提供する。
　② 資料の選択および児童室運営の実験の場として，児童室を設置し児童を対象とした直接サービスを行う。
　③ 市区町村立図書館の児童室活動を援助する。
　④ 児童図書館員等を対象に研修を実施し，交流の場も提供する。

(2) 業務内容
　① 児童資料および児童室運営に関する情報の収集および提供
　② 児童資料に関する調査研究
　③ 選書のための新刊児童書の展示会
　④ 児童図書館員のための研修の企画，実施，研修の援助（講師派遣等）
　⑤ 広報および機関紙の発行
　⑥ ホームページの設定および WebOPAC からの情報の発信

（2） 児童資料室に備えるべき資料—蔵書構成

児童資料室の蔵書構成の中で核となるものは二次資料と呼ばれる事（辞）典類，文献目録類などの書誌類と一次資料（通読する本）としての研究書，明治

以降刊行の児童書である。子どもの活字離れが叫ばれている中で，児童書の出版点数は増える傾向にあるが，子どもの本の出版を側面から支えている研究書，特に，子どもの本にかかわる事（辞）典類の刊行はさびしい。資料の性格上やむを得ないが，二次資料の出版点数を見る限り，図書館の先進国である欧米にくらべ非常に立ち遅れているといえよう。しかし，1993（平成5）年に，大阪国際児童文学館10周年記念事業として刊行された『日本児童文学大事典』全3巻（大阪国際児童文学館編　大日本図書）は，わが国初の本格的な子どもの本の事典として注目され，図書館の現場でのレファレンスワークに大いに活用されている。

　以下，児童資料室に備えるべき資料の構成例を考えてみたい。
(1)　二次資料としてのレファレンスブックおよび研究書
　　①　子どもの本や児童文学に関する総合的事典
　　②　児童資料関連機関の蔵書目録，ブックリストなどの書誌類
　　③　子どもの本や読書に関する研究書
　　④　子どもの本の作家や作品に関する研究書
　　⑤　児童文化に関する研究書
　　⑥　絵本に関する研究書
　　⑦　昔話，民話に関する研究書，事典，民話集
(2)　一次資料としての児童書
　　①　明治以降刊行された児童文学史上，研究に欠かせない子どもの本
　　②　戦後刊行されたもので，読みつがれてきた評価の定まった子どもの本
　　③　復刻された児童書
(3)　子どもの本に関する定期刊行物
　　①　内外の児童書に関する書評誌
　　②　児童文学に関する専門誌
(4)　雑誌記事索引など書誌を中心としたCD-ROMなどの電子出版物
(5)　二次資料の不足を補うために自館で作成すべきツール類
　　①　レファレンス質問記録票……質問受付票を精査し，今後も役立ちそう

第6章　児童資料研究者に対するサービス　　　155

な質問・回答例を質問記録票に記録。適切な件名標目を付し，標目順にファイルする。
② 年譜・著作目録……受入新刊書の中から，特定の著者の著作リスト，年譜などを見つけ，カードに記載。人名標目をいれる。
③ 参考文献……受入新刊書の中から，特定の主題，テーマなどでまとまった文献リストを見つけ，カードに記載。適切な件名を標目に入れる。
④ その他の補助ツール……新聞記事スクラップ，児童図書関連受賞リスト，主要な児童文学関係雑誌の目次コピーのファイルなど。

自館で作成すべきツール類では，①と④を除き，現在ではパソコンの書誌データの中の追加書誌で，いろいろな件名を入力している。したがって，カードに件名を手書きする方法は，MARCを活用している図書館では過去のものとなった。

(3) 児童資料室でのサービスの主柱─レファレンス

社会人からの児童資料室に寄せられるレファレンスには，回答にかなりの手間と時間を要するものが多い。これらの照会に的確に対応できるためには，担当者が参考図書と呼ばれる二次資料やインターネットのサイトに十分精通していなければならない。児童資料室（コーナー）に特徴的に見られるレファレンスの事例と回答例をあげてみよう。

1．子どもの本に関する事（辞）典，書誌類で調査可能な事例
　(1) 福音館書店の月刊絵本『こどものとも』の創刊号の作品名，著者名を教えてほしい。
　(2) 日本の子どもの本専門店の第1号はどこの店か。
　(3) 童話作家，新美南吉が単行本として初めて発行された図書の書名と刊行年月日を知りたい。
　(4) 石井桃子さんの『ノンちゃん雲にのる』の初版の出版社はどこか。
　(5) 昭和20年代初頭に刊行された児童向け叢書（シリーズ）『銀の鈴文庫』の全容がわかる資料を知りたい。

〈調査資料と回答〉
  (1) 『児童文学事典』（日本児童文学学会編　東京書籍）項目「こどものとも」　答：「ビップとちょうちょう」與田準一作　堀文子絵
  (2) 『児童文学事典』（日本児童文学学会編　東京書籍）項目「児童図書専門店」　答：メルヘンハウス
  (3) 『児童文学事典』（日本児童文学学会編　東京書籍）項目「新美南吉」，および『日本児童大文学事典』第3巻（大日本図書）の学習社の項目。さらに『日本児童文学史年表』第2巻（鳥越信編　明治書院）　答：『良寛物語・手毬と鉢の子』（学習社　昭和16年10月1日発行）
  (4) 『児童文学事典』（日本児童文学学会編　東京書籍）項目「石井桃子」
      答：昭和22年　大地書房刊
  (5) 『日本児童大文学事典』第3巻（大日本図書）　「銀の鈴文庫」の項目
2．登場人物や主人公名，物語のあらすじなどから作品名，著者を求めてくる事例
  (1) 父親に心を閉ざすベンという名の男の子が主人公で，クマに育てられるという感動的な児童文学だが，もう一度読みたいので書名などを教えてほしい。
  (2) ペネロピーという名の女の子が主人公で，16世紀英国を舞台にした壮大なファンタジーだが，正確なタイトル，作者，出版社を知りたい。
  (3) ビルボ・バキンズが財宝を取り返しにいく冒険物語の書名などを知りたい。
  (4) 象さんが主役の物語絵本をみたい。書名などを教えてほしい。
〈調査資料と回答〉
  (1) 『本の本―おもしろい本をさがす本　小学生版』（全国学校図書館協議会編）「人間と動物」の項目　『本選び術　中学校版』第4巻（リブリオ）「活躍する動物達」の項目　『ジャンル　テーマ別英米児童文学』（吉田新一編　中京出版）　*Index to characters in children's literature*（Mortimore社 1977）'Ben' の項目　答：『アナグマと暮らした少年』（A.W.エッ

第6章　児童資料研究者に対するサービス

カート作　中村妙子訳　岩波書店）

(2) 『本選び術　中学校版』第4巻（リブリオ）「タイムトラベル」の項目　『世界・日本児童文学登場人物辞典』（定松正編　玉川大学出版部）「ペネロピー」の項目　*Index to characters in children's literature*（Mortimore社　1977）'Peneropy' の項目　答：『時の旅人』（アトリー作　小野章訳　評論社）

(3) 『ジャンル　テーマ別英米児童文学』（吉田新一編　中京出版）ファンタジーの項目　『世界・日本児童文学登場人物辞典』（定松正編　玉川大学出版部）「ビルボ」の項目　答：『ホビットの冒険』（トールキン著　瀬田貞二訳　岩波書店）

(4) 『テーマ別絵本リスト　絵本の住所録』（船橋斉編著　法政出版）「動物―ぞう」の項目　答：『ぐるんぱのようちえん』『ぞうのババール』など多数。p.50–53に数多く収録。

3．国内，海外の子どもの本の作家に関する質問事例

(1) 絵本作家，Udlyのヨミは訳者によってアドレーとユードリーの二通りがあるが，どちらが正しいか。（『月夜の子どもたち』岸田衿子訳　講談社版はアドレー。『木はいいなあ』西園寺祥子訳，偕成社版はユードリー。）

〈調査資料と回答〉

　　Something about the authors; facts and picture about authors and illustrators of books for young people vol. 1-143.（Gale Group 1971–2004）の vol. 4 を調査Udlyの項目に 'Surname pronounced Yoo-dri' と明記。答：ユードリー。

4．児童文学作品の評価，評論に関する質問事例

(1) 課題図書になったエリクソンの『火ようびのごちそうはひきがえる』（佐藤涼子訳　評論社）の海外での評価を知りたい。

〈調査資料と回答〉

　　訳書の表題紙裏頁から原題，版権年を調査。この初版年をたよりに児童書の著名な書評誌 *Bulletin of the Center for Children's Books*（Univ. of Chicago Press）1975 no.5 に掲載されていることが判明。

該当の資料には，Ad.(additional book の略）にランク付けされ，その分野の図書を充実させたい時に蔵書に加えるにふさわしい図書として書評の本文中でも評価している。

以上，研究者や文庫関係者からのレファレンスの事例のほんの一端をあげたが，その他，児童文学賞や海外児童文学作品の翻訳の有無など，さまざまな問い合わせが児童資料室に寄せられる。これらの照会に効率よく処理していく鍵は，図書館員がどれだけ資料に精通しているかにかかっている。また，親切な対応をとおして利用者が何を探しているかを把握することが最も肝心なことである。

日本図書館協会が毎年実施している児童図書館員養成講座で，受講生（1991年度）にあげてもらった「レファレンスを成功させる基本条件」（社会人を対象とした場合）ベスト10は次のようなものである。

(1) 対話を通じて質問の内容，意図を正確に把握すること。
(2) 参考図書をはじめ児童書に精通していること。
(3) 質問しやすい雰囲気作りと誠意をもって対応すること。
(4) 他館，類縁機関との連携，相互協力。
(5) レファレンスツールの整備，記録票や事例集の作成。
(6) 参考図書を含む図書館資料を充実させること。
(7) スピディーな対応。
(8) あくなき探求心と根気。
(9) 新しいものへの興味，感性。
(10) 豊富な実践，経験。

児童資料研究者に対するサービスの基本は，一般の利用者サービスと何ら異なることはない。しかし，児童資料室（コーナー）を訪れる利用者の中には子どもの本の専門家が得てして多いので，児童図書館員も常日頃から自己研鑽に励むとともに，こころして業務に対応しなければならない。

児童青少年の読書資料一覧

はじめに

1．使用上の注意：このリストは，中多泰子，汐﨑順子がブックリストなどを参考に十分に検討して選んだもので，ひとつの参考例である。
2．対象：0歳から中学生まで。
3．本の選択基準：次の点に留意して作成した。
   (1) 子どもたちが永い期間にわたって読み継いできた本
   (2) ある程度評価が定まり，重要であると思われる本
   (3) 児童図書館員，または児童図書館員になりたいと希望する人が目を通しておいて欲しい本
4．記述：書誌事項は，書名，著者名（画家名を含む），訳者名，出版者，出版年，シリーズ名とした。シリーズ扱いしたものは各巻（冊）書名を付し，単行本扱いしたものは，続編・姉妹編として書名を付した。
5．リストの構成：全体を対象年齢別に分け，書名の五十音順に配列した。
   (1) 幼児むき
   (2) 幼児から小学校初級むき
   (3) 小学校初級から中級むき
   (4) 小学校中級から上級むき
   (5) 小学校上級から中学生むき

1．幼児むき

アンガスとあひる マージョリー・フラック作・絵 瀬田貞二訳 福音館書店 1974

おおきなかぶ 内田莉莎子話 佐藤忠良画 福音館書店 1962（こどものとも傑作集）

おかあさんだいすき マージョリー・フラック文・絵 光吉夏弥訳 岩波書店 1954（岩波の子どもの本）

おだんごぱん―ロシア民話― せたていじ訳 わきたかず絵 福音館書店

1966　（日本傑作絵本シリーズ）

おひさまがしずむよるがくる　ローラ・ルークぶん　オラ・アイタンえ　うちだりさこ訳　福音館書店　1996　（世界傑作絵本シリーズ）

おふろでちゃぷちゃぷ　松谷みよ子文　いわさきちひろ絵　童心社　1970

かしこいビル　ウイリアム・ニコルソン文・絵　松岡享子　吉田新一訳　ペンギン社　1982

かばくん　岸田衿子作　中谷千代子絵　福音館書店　1962　（こどものとも傑作集）

きゅっきゅっきゅっ　林明子作　福音館書店　1986
　姉妹編：おててがでたよ，おつきさまこんばんは

くだもの　平山和子作　福音館書店　1979

ぐりとぐら　なかがわりえこ文　おおむらゆりこ絵　福音館書店　1963　（こどものとも傑作集）
　姉妹編：ぐりとぐらのおきゃくさま，ぐりとぐらのかいすいよく，ぐりとぐらのえんそく，ぐりとぐらとくるりくら，ぐりとぐらのおおそうじ，ぐりとぐらとすみれちゃん

しょうぼうじどうしゃじぷた　渡辺茂男作　山本忠敬絵　福音館書店　1963　（こどものとも傑作集）

だるまちゃんとてんぐちゃん　加古里子作・絵　福音館書店　1963　（こどものとも傑作集）
　姉妹編：だるまちゃんとかみなりちゃん，だるまちゃんとうさぎちゃん，だるまちゃんととらのこちゃん，だるまちゃんとだいこくちゃん

ちいさなうさこちゃん　デック・ブルーナ文・絵　いしいももこ訳　福音館書店　1964　（内8冊　まつおかきょうこ訳）
　姉妹編：うさこちゃんとうみ，うさこちゃんとどうぶつえん，ゆきのひのうさこちゃん，他

ちいさなねこ　石井桃子作　横内襄絵　福音館書店　1963　（こどものとも傑作集）

どうすればいいのかな　わたなべしげお　ぶん　おおともやすお　え　福音館書店　1977

とこちゃんはどこ　松岡享子作　加古里子絵　福音館書店　1970　（こどものとも傑作集）

どろんこハリー　ジーン・ジオン文　マーガレット・ブロイ・グレアム絵　わたなべしげお訳　福音館書店　1964　（世界傑作絵本シリーズ）

　姉妹編：うみべのハリー，ハリーのセーター

はらぺこあおむし　エリック・カール文・絵　もりひさし訳　偕成社　1976

まりーちゃんとひつじ　フランソワーズ文・絵　与田準一訳　岩波書店　1956　（岩波の子どもの本）

　続編：まりーちゃんとおおあめ，まりーちゃんのくりすます

もりのなか　マリー・ホール・エッツ文・絵　まさきるりこ訳　福音館書店　1963　（世界傑作絵本シリーズ）

　姉妹編：またもりへ

2．幼児から小学校初級むき

あおい目のこねこ　エゴン・マチーセン作・絵　せたていじ訳　福音館書店　1965　（世界傑作童話シリーズ）

あおくんときいろちゃん　レオ・レオーニ作　藤田圭雄訳　至光社　1967

いたずらきかんしゃちゅうちゅう　バージニア・リー・バートン文・絵　むらおかはなこ訳　福音館書店　1961　（世界傑作絵本シリーズ）

いやいやえん　中川李枝子作　大村百合子絵　福音館書店　1962　（創作童話シリーズ）

おおかみと七ひきのこやぎ―グリム童話―　フェリクス・ホフマン絵　せたていじ訳　福音館書店　1967　（世界傑作絵本シリーズ）

おおさむこさむ―わらべうた―　瀬川康男絵　福音館書店　1972

おしゃべりなたまごやき　寺村輝夫作　長新太画　福音館書店　1972　（日本傑作絵本シリーズ）

かいじゅうたちのいるところ　モーリス・センダック作　じんぐうてるお訳　冨山房　1975

かさじぞう　瀬田貞二再話　赤羽末吉画　福音館書店　1966　（こどものとも傑作集）

かさどろぼう　シビル・ウェタシンヘ作　いのくまようこ訳　福武書店　1986

かにむかし　木下順二文　清水昆絵　岩波書店　1976

かもさんおとおり　ロバート・マックロスキー文・絵　わたなべしげお訳　福音館書店　1965

きかんしゃやえもん　阿川弘之文　岡部冬彦絵　岩波書店　1959　（岩波のこどもの本）

金のがちょうのほん―四つのむかしばなし―　レズリー・ブルック文・画　瀬田貞二　松瀬七織訳　福音館書店　1980
　　内容：金のがちょう，三びきのくま，三びきのこぶた，親ゆびトム

ごきげんならいおん　ルイーズ・ファティオ文　ロジャー・デュボアザン絵　むらおかはなこ訳　福音館書店　1964　（世界傑作絵本シリーズ）

こぐまのくまくん　Ｅ．Ｈ．ミナリック文　モーリス・センダック絵　まつおかきょうこ訳　福音館書店　1972　（はじめてよむどうわ）
　　姉妹編：かえってきたおとうさん，くまくんのおともだち，だいじなとどけもの，おじいちゃんとおばあちゃん

子どもに語る日本の昔話　全3巻　稲田和子　筒井悦子共著　こぐま社　1995～1996

ざりがに　吉崎正己文・絵　須甲鉄也監修　福音館書店　1976　（かがくのとも傑作集）

三びきのやぎのがらがらどん―北欧民話―　マーシャ・ブラウン絵　せたていじ訳　福音館書店　1965　（世界傑作絵本シリーズ）

しずくのぼうけん　マリア・テルリコフスカ文　ボフダン・ブテンコ絵　うちだりさこ訳　福音館書店　1969　（世界傑作絵本シリーズ）

11ぴきのねこ　馬場のぼる作・絵　こぐま社　1967

姉妹編：11ぴきのねことあほうどり，11ぴきのねことぶた　他
すてきな三にんぐみ　トミー・アンゲラー作　いまえよしとも訳　偕成社　1969
ぞうのババール　ジャン・ド・ブリュノフ作　矢川澄子訳　評論社　1987　（グランドアルバム）
　　姉妹編：ババールのしんこんりょこう，おうさまババール，ババールのこどもたち，ババールとサンタクロース，さるのゼフィール
たんぽぽ　平山和子文・絵　北村四郎監修　福音館書店　1976　（はじめてであう科学絵本）
はじめてのおつかい　筒井頼子文　林明子絵　福音館書店　1977　（こどものとも傑作集）
　　姉妹編：あさえとちいさいいもうと
はなをくんくん　ルース・クラウス文　マーク・サイモント絵　きじまはじめ訳　福音館書店　1967　（世界傑作絵本シリーズ）
はなのあなのはなし　やぎゅうげんいちろう作　福音館書店　1981　（かがくのとも傑作集）
はははのはなし　加古里子文・絵　福音館書店　1972　（はじめてであう科学絵本）
ピーターラビットの絵本　ビアトリクス・ポター作　いしいももこ訳　福音館書店　1971～1993
　　ピーターラビットのおはなし，ベンジャミンバニーのおはなし，フロプシーのこどもたち，こねこのトムのおはなし，モペットちゃんのおはなし，こわいわるいうさぎのおはなし，2ひきのわるいねずみのおはなし，のねずみチュウチュウおくさんのおはなし，まちねずみジョニーのおはなし，りすのナトキンのおはなし，キツネどんのおはなし，ひげのサムエルのおはなし，グロースターの仕立て屋，ティギーおばさんのおはなし，ジェレミー・フィッシャーどんのおはなし，カルシア・チミーのおはなし，パイがふたつあったおはなし，ずるいねこのおはなし（まさきるりこやく），こぶたのピグリン・ブランドのおはなし（まさきるりこ　やく），アプリィ・ダプリィ

のわらべうた（中川李枝子やく），セシリ・パセリのわらべうた（中川李枝子やく），こぶたのロビンソンのおはなし（まさきるりこやく），ピーターラビットのてがみの本（内田莉莎子やく）

ひとあしひとあし　レオ・レオニ作　谷川俊太郎訳　好学社　1975

ひとまねこざるときいろいぼうし　H．A．レイ文・絵　光吉夏弥訳　岩波書店　1983

　　姉妹編：ひとまねこざる，じてんしゃにのるひとまねこざる，ろけっとこざる，他に，たこをあげるひとまねこざる，ひとまねこざるびょういんにいく　（この二作はマーガレット・レイ文）

ひょうざん　ローマ・ガンスぶん　ブラディミール・ボブリえ　正村貞治やく　福音館書店　1968

ふしぎなたけのこ　松野正子作　瀬川康男絵　福音館書店　1963　（こどものとも傑作集）

ブレーメンのおんがくたい―グリム童話―　ハンス・フィッシャー絵　せたていじ訳　福音館書店　1964　（世界傑作絵本シリーズ）

もうどうけんドリーナ　土田ヒロミさく　日紫喜均三監修　福音館書店　1983　（かがくのとも傑作集）

ゆきのひ　エズラ・ジャック・キーツ文・絵　きじまはじめ訳　偕成社　1969

　　姉妹編：ピーターのいす　他

よあけ　ユリー・シュルヴィッツ作・画　瀬田貞二訳　福音館書店　1977

りんごのき　ペチシカ・エドアルド文　ヘレナ・ズマトリーコバー絵　うちだりさこ訳　福音館書店　1972　（世界傑作絵本シリーズ）

わたしとあそんで　マリー・ホール・エッツ文・絵　よだじゅんいち訳　福音館書店　1968　（世界傑作絵本シリーズ）

わたしのワンピース　にしまきかやこ作・絵　こぐま社　1969

3．小学校初級から中級むき

雨とひょう　フランクリン・M．ブランリーぶん　ヘレン・ボテンえ　川西伸男

やく　福音館書店　1968

イギリスとアイルランドの昔話　石井桃子編訳　ジョン・D．バトン画　福音館書店　1981

絵本グレイ・ラビットのおはなし　アリソン・アトリー作　マーガレット・テンペスト絵　石井桃子・中川李枝子共訳　岩波書店　1995

エルマーのぼうけん　ルース・スタイルス・ガネット作　わたなべしげお訳　ルース・クリスマン・ガネット絵　福音館書店　1963　（世界傑作童話シリーズ）

　続編：エルマーとりゅう，エルマーと十六ぴきのりゅう

大きいってどんなこと―星から原子まで―　ハーマンとニーナ・シュナイダー共著　シミョン・シミン絵　藤枝澪子訳　福音館書店　1968　（福音館の科学シリーズ）

大きくなりすぎたくま　リンド・ワード文・画　渡辺茂男訳　ほるぷ出版　1985

大雪　ゼリーナ・ヘンツ文　アロワ・カリジェ絵　生野幸吉訳　岩波書店　1965　（岩波の大型絵本）

　姉妹編：ウルスリのすず，フルリーナと山の鳥

かえるのエルタ　中川李枝子作　大村百合子絵　福音館書店　1964　（創作童話シリーズ）

　姉妹編：らいおんみどりの日ようび

きつねものがたり　ヨゼフ・ラダ作・絵　うちだりさこ訳　福音館書店　1966　（世界傑作童話シリーズ）

くまの子ウーフ　神沢利子作　井上洋介絵　ポプラ社　1969　（ポプラ社の創作童話）

　姉妹編：くまの子ウーフ・続，こんにちはウーフ，ウーフとツネタとミミちゃんと

車のいろは空のいろ　あまんきみこ作　北田卓史絵　ポプラ社　1968　（ポプラ社の創作童話）

　続編：続　車のいろは空のいろ

こうら　内田至ぶん　金尾恵子え　福音館書店　1984　（かがくのとも傑作集）
ことばあそびうた　谷川俊太郎詩　瀬川康男絵　福音館書店　1973
　　続編：ことばあそびうた　また
こども世界の民話（上・下）　内田莉莎子［ほか］著　実業之日本社　1995
子どもに語るアジアの昔話　全2巻　松岡享子訳　こぐま社　1997
子どもに語るグリムの昔話　全6巻　グリム兄弟編　佐々梨代子・野村泫訳
　　ドーラ・ポルスター絵　こぐま社　1990～1993
白いりゅう黒いりゅう―中国のたのしいお話―　賈芝，孫剣冰編　君島久子訳
　　赤羽末吉絵　岩波書店　1964　（岩波おはなしの本）
スクールバスの子ねこ　マージョリー・ワイマン・シャーマット，アンドリュー・
　　シャーマット作　乾侑美子訳　はたこうしろう絵　偕成社　1994
　　続編：いじわるブライアン，きえたねこをさがせ
スーホの白い馬―モンゴル民話―　大塚勇三再話　赤羽末吉絵　福音館書店
　　1967　（日本傑作絵本シリーズ）
世界のむかしばなし　瀬田貞二訳　太田大八絵　のら書店　2000
龍の子太郎　松谷みよ子作　久米宏一絵　講談社　1960
たねのりょこう　アーク・E．ウェバー文・絵　滝沢海南子訳　福音館書店　1968
　　（科学シリーズ）
たまごとひよこ　M．E．セルサム文　竹山博絵　松田道郎訳　福音館書店
　　1972　（科学シリーズ）
ちいさいおうち　ばーじにあ・りー・ばーとん文・絵　石井桃子訳　岩波書店
　　1965　（岩波の大型絵本）
小さなスプーンおばさん　アルフ・プリョイセン作　大塚勇三訳　ビョールン・
　　ベルイ絵　学習研究社　1966　（新しい世界の童話シリーズ）
　　続編：スプーンおばさんのぼうけん，スプーンおばさんのゆかいな旅
ちびっこカムのぼうけん　神沢利子作　山田三郎絵　理論社　1967
チム・ラビットのぼうけん　アリソン・アトリー作　石井桃子訳　中川宗弥画
　　童心社　1967　（チムとサムの本）

姉妹編：チム・ラビットのおともだち，サム・ピックだいかつやく，サム・ピックおおそうどう

月からきたトウヤーヤ　肖甘牛作　君島久子訳　太田大八絵　岩波書店　1969（岩波ものがたり本）

天からふってきたお金—トルコのホジャのたのしいお話—　アリス・ケルジー文　岡村和子訳　和田誠絵　岩波書店　1964　（岩波おはなしの本）

トンボソのおひめさま　マリュース・バーボ，マイケル・ホーンヤンスキー文　石井桃子訳　アーサー・プライス絵　岩波書店　1963　（岩波おはなしの本）

長くつ下のピッピ—世界一つよい女の子—　アストリッド・リンドグレーン作　大塚勇三訳　桜井誠絵　岩波書店　1964　（リンドグレーン作品集）
続編：ピッピ船にのる，ピッピ南の島へ

ねずみのとうさんアナトール　イブ・タイタス文　ポール・ガルドン絵　晴海耕平訳　童話館出版　1995

ねむりひめ—グリム童話—　フェリクス・ホフマン絵　せたていじ訳　福音館書店　1963　（世界傑作絵本シリーズ）

ハリーのひみつのオウム　ディック・キング＝スミス作　三村美智子訳　藤田裕美絵　講談社　1996

はんぶんのおんどり　ジャンヌ・ロッシュ＝マゾンさく　山口智子訳　ほりうちせいいち絵　瑞雲舎　1996

ぼくは王さま　寺村輝夫文　和田誠絵　理論社　1961

まほうの馬—ロシアのたのしいお話—　Ａ．トルストイ，Ｍ．プラートフ文　高杉一郎　田中泰子訳　Ｅ．ラチョフ絵　岩波書店　1964　（岩波おはなしの本）

みずのなかのちいさなせかい　三芳悌吉文・絵　福音館書店　1972　（かがくのとも傑作集）

よわいかみつよいかたち　加古里子著・絵　新版　童心社　1988　（かこさとしかがくの本）

ルーシーのぼうけん　キャサリーン・ストーア作　山本まつよ訳　大杜玲子絵

子ども文庫の会　1967　（改版　坂西明子絵　1986）

続編：ルーシーの家出

ワニのライルのおはなし　全7巻　バーナード・ウェーバー作　小杉佐恵子訳　大日本図書　1984〜1996

ワニのライルがやってきた，ワニのライル動物園をにげだす，ワニのライルとたんじょうパーティ，ワニのライルとなぞの手紙，ワニのライル，おかあさんをみつける，ワニのライルは会社のにんきもの，ワニのライルとどろぼうじけん

4．小学校中級から上級むき

ウィロビー・チェースのおおかみ　ジョーン・エイケン作　大橋善恵訳　パット・マリアット絵　冨山房　1975

続編：バターシー城の悪者たち，ナンタケットの夜鳥，かっこうの木

絵で見る日本の歴史　西村繁男作　福音館書店　1985

エーミールと探偵たち　エーリヒ・ケストナー作　高橋健二訳　ワルター・トリヤー絵　岩波書店　1962　（ケストナー少年文学全集）

続編：エーミールと三人のふたご

大どろぼうホッツェンプロッツ　オトフリート・プロイスラー作　中村浩三訳　トリップ絵　偕成社　1996

続編：大どろぼうホッツェンプロッツふたたびあらわる，大どろぼうホッツェンプロッツみたびあらわる

風にのってきたメアリー・ポピンズ　P．L．トラヴァース作　林容吉訳　メアリー・シェパード絵　岩波書店　1963　（岩波の愛蔵版）

続編：帰ってきたメアリー・ポピンズ，とびらをあけるメアリー・ポピンズ，公園のメアリー・ポピンズ

がんばれヘンリーくん　ベバリー・クリアリー作　松岡享子訳　ルイス・ダーリング絵　学習研究社　1967

続編：ヘンリーくんとアバラーなど

吸血鬼の花よめ―ブルガリアの昔話―　八百板洋子編・訳　高森登志夫絵　福音館書店　1996

銀のシギ　エリナ・ファージョン作　石井桃子訳　E.H.シェパード絵　岩波書店　1975

銀のスケート―ハンス・ブリンカー―　M.M.ドッジ作　石井桃子訳　ヒルダ・ファン・ストックム絵　岩波書店　1952　（岩波少年文庫）

空気の重さをはかるには　板倉聖宣著　木村正志絵　国土社　1971

くまのパディントン　マイケル・ボンド作　松岡享子訳　ペギー・フォートナム絵　福音館書店　1967　（世界傑作童話シリーズ）
　続編：パディントンのクリスマス，パディントンの一周年記念，パディントンフランスへ，パディントンとテレビ，パディントンの煙突掃除，パディントン妙技公開

クマのプーさん　プー横丁にたった家　A.A.ミルン作　石井桃子訳　E.H.シェパード絵　岩波書店　1962　（岩波の愛蔵版）

くらやみ城の冒険　マージェリー・シャープ作　渡辺茂男訳　ガース・ウイリアムズ絵　岩波書店　1987
　続編：ダイヤ館の冒険，ひみつの塔の冒険，地下の湖の冒険，オリエントの冒険，南極の冒険，さいごの冒険

グリーン・ノウの子どもたち　L.M.ボストン作　亀井俊介訳　P.ボストン絵　評論社　1972
　続編：グリーン・ノウの煙突，グリーン・ノウの川，グリーン・ノウのお客さま，グリーン・ノウの魔女，グリーン・ノウの石

島のたんじょう　ミリセント・E.セルサムぶん　ウィニフレッド・レーベルえ　岩田好宏やく　福音館書店　1969

砂鉄とじしゃくのなぞ　板倉聖宣著　辻村益郎絵　福音館書店　1979

星座をみつけよう　H.A.レイ文・絵　草下英明訳　福音館書店　1969

セロひきのゴーシュ　宮沢賢治文　茂田井武絵　福音館書店　1966　（創作童話シリーズ）

太陽の東月の西　アスビョルンセン編　佐藤俊彦訳　富山妙子絵　岩波書店　1958　(岩波少年文庫)
卵の実験　伏見康治　伏見満枝共著　今村昌昭写真　伏見康子画　福音館書店　1977
だれも知らない小さな国　佐藤さとる作　村上勉絵　講談社　1969　(初版は若葉珪絵　1959)
　　続編：豆つぶほどの小さな犬，星からおちた小さな人　他
てんぷらぴりぴり　まど・みちお作　杉田豊画　大日本図書　1968
年とったばあやのお話かご　エリナー・ファージョン作　石井桃子訳　E.アーディゾーニ絵　岩波書店　1970　(ファージョン作品集)
ドリトル先生アフリカゆき　ヒュー・ロフティング作・絵　井伏鱒二訳　岩波書店　1961　(ドリトル先生物語全集)
　　続編：ドリトル先生航海記，ドリトル先生の郵便局，ドリトル先生のサーカス，ドリトル先生の動物園，ドリトル先生のキャラバン，ドリトル先生と月からの使い，ドリトル先生月へゆく，ドリトル先生月から帰る，ドリトル先生と秘密の湖，ドリトル先生と緑のカナリヤ，ドリトル先生の楽しい家
ドロバチのアオムシがり　岩田久二雄著　岩本唯宏絵　文研出版　1973
人形の家　ルーマ・ゴッデン作　瀬田貞二訳　堀内誠一絵　岩波書店　1967
ピノッキオのぼうけん　C.コルローディ作　安藤美紀夫訳　臼井都絵　福音館書店　1970　(古典童話シリーズ)
秘密の花園　フランシス・バーネット作　猪熊葉子訳　堀内誠一絵　福音館書店　1979　(古典童話シリーズ)
ひれから手へ—進化のぼうけん—　アンソニー・ラビエリ著・画　山田大介訳　福音館書店　1973
ふくろ小路一番地　イーヴ・ガーネット作・絵　石井桃子訳　岩波書店　1957　(岩波少年文庫)
ふしぎなオルガン　リヒャルト・レアンダー作　国松孝二訳　岩波書店　1952

ふしぎの国のアリス　ルイス・キャロル作　生野幸吉訳　ジョン・テニエル画
　　福音館書店　1971　(古典童話シリーズ)
　　続編：鏡の国のアリス
みどりのゆび　モーリス・ドリュオン作　安東次男訳　ジャクリーヌ・デュエーム絵　岩波書店　1965
名探偵カッレくん　アストリッド・リンドグレーン作　尾崎義訳　エーヴァ・ラウレル絵　岩波書店　1965
　　続編：カッレくんの冒険，名探偵カッレとスパイ団
森は生きている　サムエル・マルシャーク作　湯浅芳子訳　ズスマーナ絵　岩波書店　1972
床下の小人たち　メアリー・ノートン作　林容吉訳　ダイアナ・スタンレー絵　岩波書店　1969　(岩波ものがたりの本)
　　続編：野に出た小人たち，川をくだる小人たち，空をとぶ小人たち，小人たちの新しい家

5．小学校上級から中学生むき

あしながおじさん　ジーン・ウェブスター作・画　坪井郁美訳　福音館書店　1970　(古典童話シリーズ)
あらしの前　ドラ・ド・ヨング作　吉野源三郎訳　ヤン・ホーウィ絵　岩波書店　1969
　　続編：あらしのあと
アラビアン・ナイト(上・下)　ディクソン編　中野好夫訳　岩波書店　1959　(岩波少年文庫)
絵で読む広島の原爆　那須正幹文　西村繁男絵　福音館書店　1995
エイブ・リンカーン　吉野源三郎訳　岩波書店　1958　(岩波少年文庫)
大きな森の小さな家　ローラ・インガルス・ワイルダー作　恩地三保子訳　ガース・ウイリアムズ画　福音館書店　1972
　　続編：大草原の小さな家，プラム・クリークの土手で，シルバー・レイク

　　　　　の岸辺で，農場の少年

　　他に，鈴木哲子訳　岩波書店刊行：長い冬（上・下）　大草原の小さな町 この楽しき日々　他

親指姫　ハンス・クリスチャン・アンデルセン作　大塚勇三編訳　イブ・スパング・オルセン画　福音館書店　1992

海底二万海里　ジュール・ベルヌ作　清水正和訳　Ａ．ヌヴィル絵　福音館書店　1973　（古典童話シリーズ）

　　続編：神秘の島（上・下）　（古典童話シリーズ）

風と木の歌　安房直子作　司修絵　実業之日本社　1972　（少年少女短編名作選）

風の又三郎─宮沢賢治童話集Ｉ─　宮沢賢治作　春日部たすく絵　岩波書店　1963　（岩波の愛蔵版）

　　姉妹編：銀河鉄道の夜─宮沢賢治童話集Ⅱ─

神々のとどろき─北欧の神話─　ドロシー・ハスフォード作　山室静訳　ビクター・アンブラス絵　岩波書店　1976

ガリヴァー旅行記（正・続）　ジョナサン・スウィフト作　中野好夫訳　村山知義絵　岩波書店　1951　（岩波少年文庫）

キュリー夫人─光は悲しみをこえて─　エレノア・ドーリー作　榊原晃三訳　学習研究社　1973　（世界の伝記）

クラバート　オトフリート・プロイスラー作　中村浩三訳　偕成社　1980

クローディアの秘密　Ｅ．Ｌ．カニグズバーグ作・絵　松永ふみ子訳　岩波書店　1969

ゲド戦記（Ｉ～Ｖ）　ル・グエン作　清水真砂子訳　ルース・ロビンス絵　岩波書店　1976～2003

　　影との戦い，こわれた腕環，さいはての島，帰還，アースシーの風

幸島のサル─25年の観察記録─　三戸サツエ作　ポプラ社　1972　（人類の記録シリーズ）

西遊記（上・下）　呉承恩作　君島久子作　瀬川康男画　福音館書店　1975

～1976　(古典童話シリーズ)

シェイクスピア物語　チャールズ・ラム作　野上弥生子訳　向井潤吉絵　岩波書店　1956　(岩波少年文庫)

ジャングル・ブック　ラドヤード・キプリング作　木島始訳　名川勇画　福音館書店　1979　(古典シリーズ)

砂の妖精　イーデス・ネズビット作　石井桃子訳　ハロルド・ミラー画　福音館書店　1991
　　続編：火の鳥と魔法のじゅうたん（猪熊葉子訳　岩波少年文庫）

草原の少女エスタ　エスタ・ハウツィヒ著　天野宏子訳　原書房　1993

隊商―キャラバン―　ヴィルヘルム・ハウフ作　高橋健二訳　ヨーゼフ・ヘーゲンバルト絵　岩波書店　1977　(岩波少年文庫)

太陽の戦士　ローズマリー・サトクリフ作　猪熊葉子訳　チャールズ・キーピング絵　岩波書店　1968
　　姉妹編：ともしびをかかげて　など

宝島　ロバート・ルイス・スティーブンソン作　坂井晴彦訳　寺島龍一画　福音館書店　1976　(古典童話シリーズ)

タチ―はるかなるモンゴルをめざして―　ジェイムズ・オールドリッジ作　中村妙子訳　評論社　1977

たのしい川べ―ヒキガエルの冒険―　ケネス・グレーアム作　石井桃子訳　E.H.シェパード絵　岩波書店　1963　(岩波の愛蔵版)

地下の洞穴の冒険　リチャード・チャーチ作　大塚勇三訳　ジョフリー・ウィッタム絵　岩波書店　1971

ツバメ号とアマゾン号　アーサー・ランサム作・絵　岩田欣三　神宮輝夫訳　岩波書店　1967　(アーサー・ランサム全集)
　　続編：ツバメの谷，ヤマネコ号の冒険，長い冬休み，オオバンクラブの無法者，ツバメ号の伝書バト，海へ出るつもりじゃなかった，ひみつの海，大人の探偵たち，女海賊の島，スカラブ号の夏休み，シロクマ号となぞの島

寺町三丁目十一番地　渡辺茂男作　太田大八絵　福音館書店　1969　（創作童話シリーズ）

飛ぶ教室　エーリヒ・ケストナー作　高橋健二訳　岩波書店　1962　（ケストナー少年文学全集）

トム・ソーヤーの冒険　マーク・トウェーン作　石井桃子訳　T．W．ウイリアムズ絵　岩波書店　1952　（岩波少年文庫）

トムは真夜中の庭で　フィリッパ・ピアス作　高杉一郎訳　スーザン・アインツィヒ絵　岩波書店　1967　（岩波の愛蔵版）

トルストイの民話　トルストイ作　藤沼貴訳　ディオードロフ画　福音館書店　1989

二年間の休暇　ジュール・ベルヌ作　朝倉剛訳　太田大八画　福音館書店　1968　（古典童話シリーズ）

人間・アリ・象　P．K．ウェイル著　A．ラビエリ絵　今泉吉典訳　福音館書店　1974

野尻湖のぞう　新版　井尻正二作　金子三蔵絵　福音館書店　1976

はしけのあなぐま　ジャニ・ハウカー作　三保みずえ訳　宇野亜喜良絵　評論社　1993

肥後の石工　今西祐行作　井口文秀絵　実業之日本社　1965　（長編少年少女小説）

冒険者たち―ガンバと十五匹の仲間―　斉藤惇夫作　薮内正幸絵　岩波書店　1982　初版は1972年（アリス館牧新社）
　続編：ガンバとカワウソの冒険

ぼくとくらしたふくろうたち　ファーレイ・モワット作　稲垣明子訳　R．フランケンバーグ絵　評論社　1972

ホビットの冒険　J．R．R．トールキン作　瀬田貞二訳　寺島竜一絵　岩波書店　1965
　続編：新版　指輪物語　全7巻　（瀬田貞二, 田中明子共訳　評論社　1992）

まぼろしの小さな犬　フイリッパ・ピアス作　猪熊葉子訳　アントニイ・メイ

トランド画　岩波書店　1989

ムギと王さま　エリナー・ファージョン作　石井桃子訳　E．アーディゾーニ絵
　　岩波書店　1971

モモ　ミヒャエル・エンデ作　大島かおり訳　岩波書店　1976　（岩波少年少女の本）

ライオンと魔女　C．S．ルイス作　瀬田貞二訳　ポーリン・ベインズ絵　岩波書店　1966　（ナルニア国ものがたり）
　　続編：カスピアン王子のつのぶえ，朝びらき丸東の海へ，銀のいす，馬と少年，魔術師のおい，さいごの戦い

ワンダ・ブック―子どものためのギリシャ神話―　ナサニエル・ホーソン作　三宅幾三郎訳　土方重巳絵　1953　（岩波少年文庫）

参考文献（書名の五十音順）

[基本文献]

H. G. ロング著，古賀節子監訳：アメリカを生きた子どもたち　日本図書館協会　1983

瀬田貞二：幼い子の文学（中公新書）　中央公論社　1980

塩見昇・間崎ルリ子：学校図書館と児童図書館（日本図書館学講座5）　雄山閣　1976

スタジオ・アヌー編：子供！　晶文社　1985

本田和子：子どもという主題　大和書房　1987

E. ケストナー著，高橋健二編訳：子どもと子どもの本のために　岩波書店　1977

E. コルウェル著，石井桃子訳：子どもと本の世界に生きて－児童図書館員の歩んだ道－　日本図書館協会　1968

河合隼雄：子どもの宇宙　岩波書店　1987

石井桃子：子どもの図書館（岩波新書）　岩波書店　1965

小河内芳子編：子どもの図書館の運営　日本図書館協会　1986

ジョーン・エイキン著，猪熊葉子訳：子どもの本の書きかた　晶文社　1986

清水真砂子：子どもの本の現在　大和書房　1984

B. ヒューリマン著，野村泫訳：子どもの本の世界　福音館書店　1969

ピーターハント編，さくまゆみこ他訳：子どもの本の歴史　柏書房　2001

ハリエット・ロング著，友野玲子訳：児童図書館への道　日本図書館協会　1966

R. マッコルビン著，倉沢政雄・北村泰子共訳：児童のための図書館奉仕　日本図書館協会　1973

リリアン・スミス著，石井桃子・瀬田貞二・渡辺茂男共訳：児童文学論　岩波書店　1964

日本図書館学会研究委員会編：児童・ヤングアダルトサービスの到達点と今後の課題（論集・図書館情報学研究の歩み　第17集）　日外アソシエーツ1997

原昌・浜野卓也：新版児童文学概論　樹村房　1988

渡辺茂男：すばらしいとき－絵本との出会い　大和書房　1984

エドワード・ブリッシェン編，神宮輝夫訳：とげのあるパラダイス　偕成社　1982

菅忠道：日本の児童文学・総論増補改訂版　大月書店　1966

ポール・アザール著，矢崎源九郎・横山正矢訳：本・子ども・大人　紀伊国屋書店　1957

[各　　論]

瀬田貞二・猪熊葉子・神宮輝夫：英米児童文学史　研究社　1971

渡辺茂男：絵本の与え方　日本エディタースクール出版部　1971

森久保仙太郎・偕成社編集部編：絵本の世界（講座　絵本・児童文学の世界－作品案内と入門講座）　偕成社　1988

松居直：絵本をみる眼　日本エディタースクール出版部　1978

イーゴフ／スタブス／アシュレ編，猪熊葉子・清水真砂子・渡辺茂男共訳：オンリーコネクト－児童文学評論選－Ⅰ-Ⅲ　岩波書店　1978

猪熊葉子ほか編：講座日本児童文学　全8巻　別巻2　明治書院　1973-1977

桜井美紀：子どもに語りを　椋の木社　1986

全国子ども文庫調査実行委員会：子どもの豊かさを求めて－全国子ども文庫調査報告書－　1ⅩⅩ／41823　日本図書館協会　1984-1995

岡田明：最新読書の心理学　日本文化科学社　1973

吉田新一編著：ジャンル・テーマ別英米児童文学史　中教出版　1988

野村純一・佐藤涼子・江森隆子編：ストーリーテリング　弘文堂　1985

岡山市学校図書館問題研究会編著：ブックトーク入門　教育資料出版会　1986

渡辺茂編著：マザーグース事典　北星堂書店　1986

小沢俊夫：昔ばなしとは　大和書房　1983

マックス・リューティ著，野村泫訳：昔話の本質　福音館書店　1974

ブルーノ・ベッテルハイム著，波多野完治・乾悠美子共訳　昔話の魔力　評論社　1978

松岡享子：昔話絵本を考える　新装版　日本エディタースクール出版部　2002

野村泫：昔話は残酷か　東京子ども図書館　1997

半田雄二：ヤングアダルトサービス入門　教育資料出版会　1999

渡辺茂男：幼年文学の世界　日本エディタースクール出版部　1980

東京布の絵本連絡会編：布の絵本からのメッセージ　東京布の絵本連絡会　1996

ジム・トレリース著，亀井よし子訳：読み聞かせ－この素晴らしい世界　高文研　1987

［事(辞)典・年鑑，年報・書誌］

日本イギリス児童文学会編：英米児童文学ガイド作品と理論　研究社出版　2001

定松正，本多英明編著：英米児童文学辞典　研究社出版　2001

船橋斉編著：絵本の住所録・テーマ別絵本リスト　新版　法政出版　1998

東京子ども図書館編：解題付受賞作品総覧　日本の児童図書賞　1947-1981　東京子ども図書館　1983，同：1982-1986　同　1988，同：1987-1991　同　1993，同：1992-1996　日本エディタースクール出版部　1998

日本子どもの本研究会編：子どもの本と読書の事典　岩崎書店　1983

日本児童文学会編：児童文学事典　東京書籍　1988

宮城県図書館編刊：児童文学関係文献目録　宮城県図書館所蔵雑誌所収　1990

子どもの本・翻訳の歩み研究会編：図説子どもの本・翻訳の歩み事典　柏書房　2002

藤野幸雄編訳：世界児童・青少年文学情報大事典１－　勉誠堂出版　2000－

東京都立日比谷図書館編刊：東京都立日比谷図書館児童図書目録

書名索引第1分冊-6分冊,同著者名索引第1分冊-2分冊,同研究書・絵本・漫画第1分冊,同0-8門第2分冊,同9門第3分冊,合計全11巻 1992

毎日新聞社:2003年版読書世論調査(第56回読書世論調査・第48回学校読書調査) 2003

日本児童文学者協会編:日本児童文学作家事典　教育出版センター　1991

大阪国際児童文学館編:日本児童文学大事典　第1巻人名　2巻人名,事項,逐次刊行物　第3巻叢書,児童文学賞,巻末資料一覧,索引　大日本図書 1993

児童図書館研究会編:年報子どもの図書館　2002年版　日本図書館協会 2003

さくいん

あ，い，う，え

赤羽末吉　55
遊びうた　4
アメリカ図書館協会児童図書館部会　66
安野光雅　55
いい春しょって2,000日　4
石井桃子　18
井上靖代　125, 126
浦安市立中央図書館　152
浦安市立中央図書館児童室　79
絵本　36
延滞　85

お

大阪国際児童文学館　152
大阪府立図書館児童閲覧室　15
岡山県　74
おはなし　92
お話し会　106
おはなしの効果　93
おはなしのしかた　95
おはなしの部屋　107
親子読書　4, 40
親子読書会　116
親子二十分間読書運動　18

か

カーネギー賞　55
科学遊び　117, 149
学童保育　149
鹿児島県立図書館　18
貸出　84
学校・学校図書館との連携・協力　142
学校図書館支援センター　143
学校図書館法　16
かつら文庫　18
家庭文庫　17, 147
神奈川県図書館協会児童奉仕研究委員会　77
叶沢清介　18

き，く，け

基準　33
規準　33
岐阜県図書館　49
京都府立図書館児童室　15
寓話期　9, 10
ケイト・グリーナウェイ賞　54
現物選書　49
県立図書館　24
県立図書館児童室不要論　22

こ

公立図書館児童サービス実態調査報告　78
コールデコット賞　54
国際アンデルセン賞　55
国際子ども図書館　16, 27, 77
国際児童図書評議会　55
子ども会　117
子ども室　78
子ども新聞　118
子ども読書活動推進関連事業　74
子ども読書活動推進計画　21, 72, 74
子ども読書年　65
子どもの読書活動の推進に関する基本計画　21, 72
子どもの読書活動の推進に関する法律　21, 66, 72, 74
こどもの図書館　16
子守り話　9
子守り話期　9
コンピュータ化　63

さ，し

再生児童図書館　16
斉藤尚吾　20
阪本一郎　6, 7, 8
滋賀県立図書館　49
思索期　9, 12
実用書　4
児童館　149
児童サービス　65, 66
児童室　77
児童書総合目録　28
児童書の出版　30
児童資料研究室　25, 26

さくいん

児童資料研究者　152, 158
児童資料室　153, 155
児童図書館　13, 15
児童図書館員
　　24, 68, 69, 71, 72, 82, 90
児童図書館員養成講座
　　　　　　　　70, 158
児童図書館研究会　16, 20
主題別図書リスト　105
小学生読書会　76
書評　53
書評紙　53
初歩読書期　7
新着図書案内　118
新着図書リスト　105

す，せ，そ

スタッフ・マニュアル　77
スポーツ物語　11
成熟読書期　8
世界図書館連盟（IFLA）
　　　　　　　　　129
全国学校図書館協議会　16
全国子ども文庫調査実行委
　員会　71
選択書誌　52
創作児童文学　44

た，ち，て

大日本教育会附属書籍館
　　　　　　　　　15
竹貫直人　15
楽しみとしての読書　3
多文化サービス　25
多文化ニーズ　129
地域文庫　147

知識の本　45
調布市立図書館　74, 76
直接的評価法　48
テーマ読書会　116
テキスト読書会　116
展開読書期　8
伝記期　9, 12
展示　104

と

東京子ども図書館
　　　　20, 77, 93, 152
東京都大田区立図書館児童
　奉仕担当者会　77
東京都立江東図書館　121
東京都立多摩図書館　23
東京都立日比谷図書館　23
東京都立日比谷図書館児童
　資料室　151
童話期　9, 11
読書案内　105
読書運動　18
読書会　112, 116
読書入門期　7
督促　85
特定非営利活動法人ブック
　スタート　146
図書館設置条例　73
図書リスト　52, 105
都道府県立図書館　21
都立多摩図書館　151

な行

長野県立図書館　18
日本親子読書センター　20
日本十進分類法　45, 63

日本図書館学校　16
日本図書館協会　19
日本図書館協会公共図書館
　部会児童図書館分科会
　　　　　　　　　16
日本図書館協会児童青少年
　委員会　70
日本図書館協会図書館員の
　問題調査委員会　69
日本子どもの本研究会　20
ニューベリー賞　54
ネットワーク　24, 73

は行

発達課題　8
話の覚え方　95
話の選択　94
PTA母親文庫　18
日野市立図書館　18
日比谷図書館　15
広島市子ども図書館　77
ブックスタート　146
ブックトーク　96
ブック・モビル　18
プライバシーの保護　85
フロアワーク　83
文学期　9, 12
文庫　18, 147
保育所　145
冒険・推理物語　4, 11
保健所　146

ま行

まどみちを　55
ミュンヘンの国際児童図書
　館　152

昔話　42, 43
昔話期　9, 10
椋鳩十　18
物語期　9, 11

や

山口県立図書館児童閲覧室
　　15
ヤングアダルト・サービス
　　120
ヤング・アダルト・サービス
　研究会　121
ヤングアダルト担当職員
　　122
ヤングアダルト図書館サービス協会　127

よ

幼稚園　145
幼年童話　40
幼年文学　40
読み聞かせ　4, 6, 91
読みのレディネス　6
予約　85

り, れ

リクエスト制度　85
利用案内　119

リリアン・H・スミス図書館
　　152
輪読会　116
レファレンスサービス
　　85, 86

わ

渡辺茂男　39
わらべうた　4, 37
わらべうた期　9

シリーズ監修者

高山正也（たかやままさや）　国立公文書館館長／慶應義塾大学名誉教授

植松貞夫（うえまつさだお）　筑波大学教授

執　筆　者

中多泰子（なかた・やすこ）

- 1934　福島市に生まれる
- 1958　早稲田大学第一文学部仏文学専修卒業
- 1959　文部省図書館職員養成所卒業
  東京都立日比谷図書館勤務を経て
- 1978　東京都立中央図書館に異動
- 1984　東京都立江東図書館長
- 1986　東京都教育庁社会教育部計画課副主幹（都立多摩図書館開設準備担当）
- 1987　東京都立中央図書館資料部整理課長，管理部企画協力課長，資料部収書課長を経て
- 1994　大正大学助教授，（2001）同大学教授，（2005）同大学非常勤講師，（2006，退職）
- 主著　改訂青少年の読書と資料（共著）（樹村房），子どもの図書館の運営（共著）（日本図書館協会），児童サービス論（共著）（樹村房），都道府県立図書館の児童サービス（「児童・ヤングアダルトサービスの到達点と今後の課題」）（日外アソシエーツ）ほか，児童図書館関係論文十数点

汐﨑順子（しおざき・じゅんこ）

- 東京都出身
- 1985　慶應義塾大学文学部図書館・情報学科卒業
  4月，慶應義塾幼稚舎図書室勤務
- 1989　東京都大田区勤務，蒲田駅前図書館・羽田図書館児童奉仕担当を経て
- 現在　慶應義塾大学，早稲田大学非常勤講師，児童図書館研究会運営委員

宍戸　寛（ししど・ひろし）

- 1938　東京都に生まれる
- 1961　早稲田大学教育学部教育学科卒業4月，都立日比谷図書館勤務
- 1972　都立中央図書館研修担当主査
  日比谷図書館児童資料係長
  都立中央図書館収書整理課長を経て
- 現在　文化学園大学現代文化学部教授，日本図書館協会児童青少年委員会委員
- 主著　新美南吉の童話と書誌（日比谷図書館研究紀要創刊号）ほか，関係論文，共著十数点

新・図書館学シリーズ 11

改訂　児童サービス論

　平成 9 年10月 1 日　　初版発行
　平成14年 9 月10日　　第 6 刷
　平成16年 3 月25日　　改訂第 1 刷
　平成24年 2 月20日　　改訂第 9 刷

著者Ⓒ　　中　多　泰　子
　　　　　汐　﨑　順　子
　　　　　宍　戸　　　寛

検印廃止　　発行者　　大　塚　栄　一

発行所　　株式会社　**樹村房**　JUSONBO

〒112-0002　東京都文京区小石川 5 丁目11番 7 号
電　話　東　京　（03）3868-7321代
FAX　東　京　（03）6801 - 5202
http://www.jusonbo.co.jp／
振替口座　00190-3-93169

製版印刷・亜細亜印刷／製本・常川製本

ISBN978-4-88367-080-2

乱丁・落丁本はお取り替えいたします。

---― 樹村房 ―

高山正也
植松貞夫 監修 **新・図書館学シリーズ**

＊は編集責任者　　（Ａ５判）

1	改訂 図書館概論	＊植松　貞夫　志保田　務 寺田　光孝　永田　治樹 薬袋　秀樹　森山　光良	1,995円（税込）
2	改訂 図書館経営論	＊高山　正也　加藤　修子 岸田　和明　田窪　直規 村田　文生	1,995円（税込）
3	改訂 図書館サービス論	＊高山　正也　池内　淳 斎藤　泰則　阪田　蓉子 宮部　頼子	1,995円（税込）
4	改訂 情報サービス概説	＊渋谷　嘉彦　大庭　一郎 杉江　典子　梁瀬三千代	1,995円（税込）
5	改訂 レファレンスサービス演習	＊木本　幸子　原田　智子 堀込　静香　三浦　敬子	1,995円（税込）
6	三訂 情報検索演習	＊原田　智子　江草　由佳 小山　憲司　澤井　清	1,995円（税込）
7	改訂 図書館資料論	＊平野　英俊　岸　美雪 岸田　和明　村上篤太郎	1,995円（税込）
8	改訂 専門資料論	＊戸田　光昭　金　容媛 澤井　清　玉手　匡子 仁上　幸治	1,995円（税込）
9	三訂 資料組織概説	＊田窪　直規　岡田　靖 小林　康隆　村上　泰子 山崎　久道　渡邊　隆弘	1,995円（税込）
10	三訂 資料組織演習	＊岡田　靖　榎本裕希子 菅原　春雄　野崎　昭雄 渡部　満彦	1,995円（税込）
11	改訂 児童サービス論	＊中多　泰子　汐﨑　順子 宍戸　寛	1,995円（税込）
12	図書及び図書館史	＊寺田　光孝　加藤　三郎 村越　貴代美	1,995円（税込）
	資料分類法及び演習　第二版	＊今　まど子　西田　俊子	1,995円（税込）

司書・学芸員をめざす人への 生涯学習概論	＊大堀　哲　高山　正也 中村　正之　西川　万文 村田　文生	1,995円（税込）
生涯学習・社会教育概論	稲生　勁吾　編著	1,890円（税込）
図書館学基礎資料　第十版	今　まど子　編著	1,050円（税込）
改訂 視聴覚メディアと教育	佐賀　啓男　編著	1,995円（税込）